歴史と観光

富山近代史の視座

富山近代史研究会＝編

山川出版社

観光客でにぎわう雪の大谷（立山室堂付近，立山黒部貫光〈株〉提供）

富山新観光交通鳥瞰図

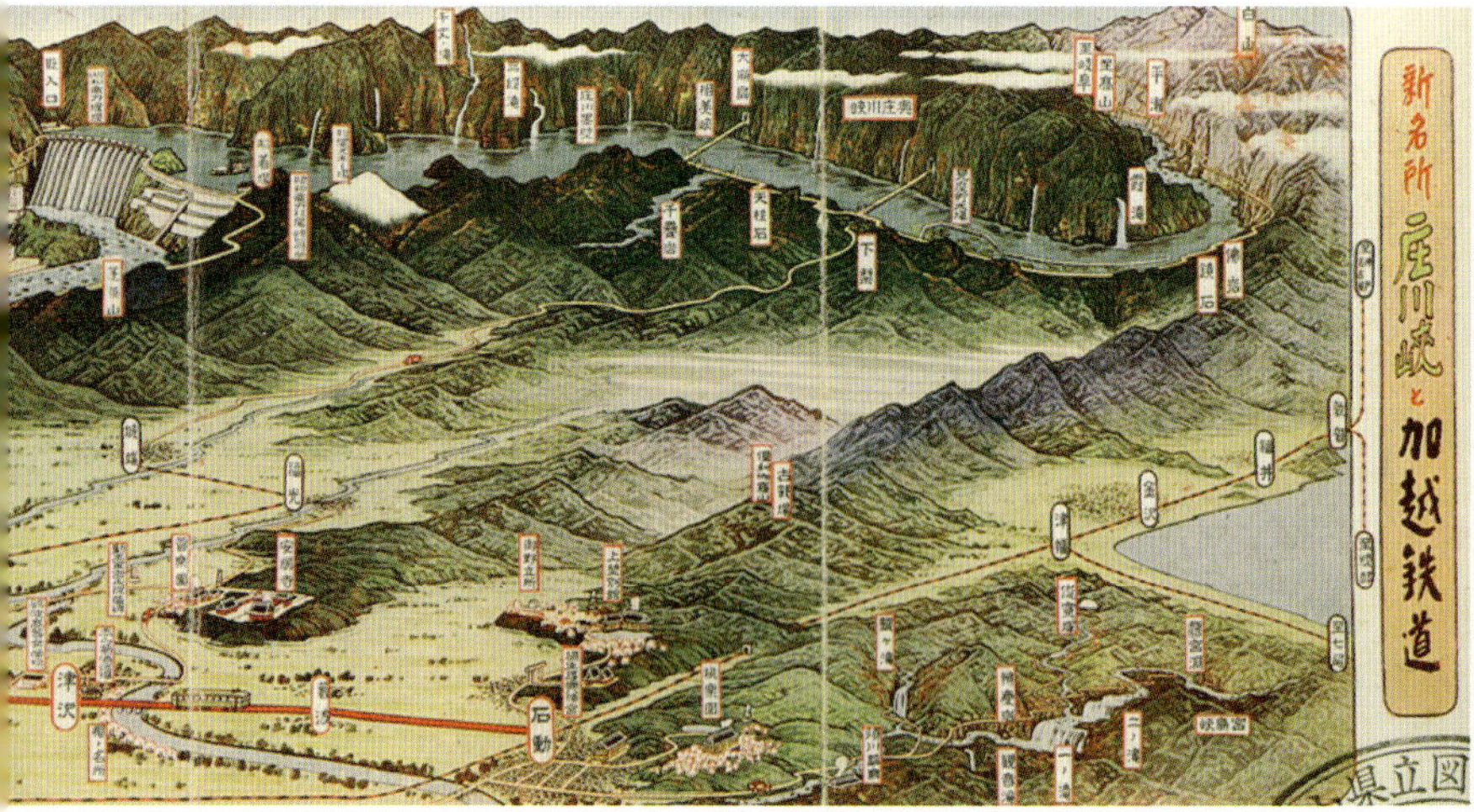
新名所 庄川峡と加越鉄道
庄川峡
天柱石
下梨
津沢
石動
宮島峡
一ノ滝
二ノ滝

吉田初三郎制作「富山県観光交通鳥瞰図」(昭和11年,富山県立図書館蔵)

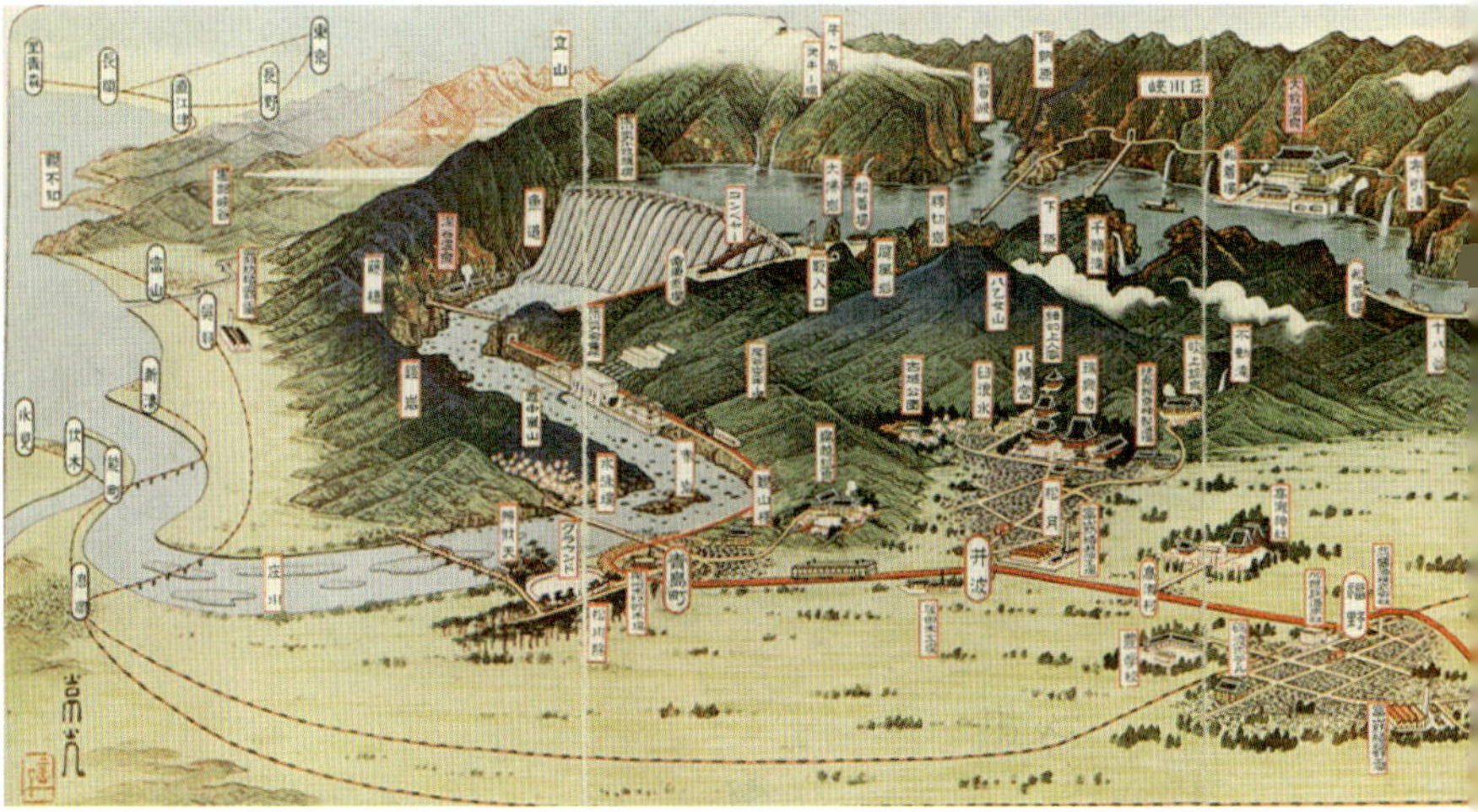

金子常光制作「新名所　庄川峡と加越鉄道」(昭和6年,富山県立図書館蔵)

五箇山に伝わるこきりこ（ささら踊り，富山県立南砺平高等学校提供）

おわら風の盆・町流し

刊行にあたって

富山近代史研究会　会長　竹島　慎二

今、大仰に言えば、世を挙げて「観光」ブームである。昨年には富士山が世界文化遺産に指定され、二〇二〇年東京オリンピック開催が決定したことを受けて、官民あげての国内外からの観光客誘致の方策としてのインフラ整備、新たな地域開発、「おもてなしの心」（ホスピタリティ）の育成などが検討され、実行に移されようとしている。わが郷土富山でも、北陸新幹線の平成二六年度中の金沢までの開業を控えて「観光立県」の合言葉のもと、同様の取組みがはじまっている。こうした取組みのいわば起爆剤の一つとなったのが、平成一七年（二〇〇五）に議員立法によって制定された観光立国推進基本法であろう。同法はその制定目的として、「観光立国の実現に関する施策を総合的かつ計画的に推進して、国民経済の発展、国民生活の安定向上及び国際相互理解の増進に寄与する」とうたっており、そのための国と地方公共団体の責務を提示している。いわば「官」による問題提起と先導であるが、重要な点は、それに対して「民」がどう応えて、「民」としての立場でどのように取組んでいくかが問われているということである。

観光とは地域の光を観る営みのことであり、その光とは地域の自然や文化、伝統、事業などを輝かせ、地域住民にとって誇りとなるものである。「民」の立場である私どもの富山近代史研究会では、前代表の高井進氏の提案のもと、それらに文字どおり光をあて、他へ発信してきた営みを、富山県の近代史の特質と関わらせ、とくにそうした営みに尽力した人物を掘起こすなかで、歴史的に明らかにすべく、平成二二年から三年間にわたって、公開シンポジウム「歴史と観光」を大テーマとして、「歴史と観光―遊覧から観光へ―」、「歴史と観光Ⅱ―地域の輝き―」「歴史と観光Ⅲ―富山県の観光を考える―」を開催した。計一五名の会員が、「遊覧と観光」「地域開発と観光事業」「観光立県への提言」「秉燭《へいしょく》の人」「観光ストーリーの作成」など、それぞれの研究テーマに基づいて精力的な発表やパネルディスカッションを行ったが、シンポジウムにいたるまでの過程で、いくつもの横断的な研究・調査グループが組織され、本会員全員参加の熱心な討議が繰返された。本書は、そうした営みの一つの総決算として世に出すことにしたものである。あらためて本書の表題をみていただきたい。本書は富山県の観光史を叙述する「観光の歴史」ではない。表題を『歴史と観光―富山近代史の視座』としたのは、郷土の近代化の歩みのなかで、観光がどのような位置を占め、どのような役割を担ってきたのかを多面的に考えることによって、郷土の活性化、発展に向けての指針を示すことを目的としたからである。

富山県民は、昔から「PR下手」といわれるようにどちらかといえば広報活動に消極的といわれてきた。その大きな理由の一つが、自らが「富山を語れない」ことにあるといわれている。郷土を語ることができなければ郷土に誇りと愛着とをもつことは難しい。逆説的にいえば、誇りと愛着をもつことができて、初めて郷土の発展に寄与する人材となりえるということである。本書が、そうした人材育成の一助となれば幸いである。

目次

Ⅲ章　観光富山の歴史的創造

Ⅰ章　遊覧から観光へ

一　近代富山の歴史と観光をたどる

遊覧から観光への変遷

人は古今、旅に出ることにより非日常の世界にひたり、緊張をほぐし、智識を高め、英気を養った。そして、古来このような行動を遊覧と称した。近代の辞書によれば遊覧（游覧）は「遊びながら見物すること」の義に集約される。古くは万葉の時代、『万葉集』巻十九に「遊二覧布勢水海一」とあるように遊覧なる表現が使われた。江戸時代にも文政《ぶんせい》一〇年（一八二七）には岡山鳥《おかさんちょう》の『江戸遊覧花暦《はなごよみ》』、同一一年（一八二八）には花屋敷菊塢《はなやしききくう》の『墨水《ぼくすい》遊覧誌』など、遊覧を冠した数多くの物見遊山の書が刊行された。

一方、遊覧にかわり使われるようになった観光は、七〇年前に造園研究家、上原敬二《うえはらけいじ》が著わした『日本風景美論』によれば、『易経《えききょう》』の「観国之光、利用賓于王」（国の光を観《み》る、もって王に賓《ひん》たるによろし）から生まれたとある。つまり、観光には地域の優れたもの（光）を人びとに示し、また観るという意味あいがあった。古代から慶応《けいおう》年間（一八六五～六八）までの著述や、編纂された書籍の所蔵先をまとめた『国書総目録』によれば、延宝《えんぽう》八年（一六八〇）には『観光亭記』、文政八年には本因坊丈和《ほんいんぼうじょうわ》の棋譜が『国技観光』として、また、江戸末期には秋月胤永《あきづきたねなが》により『観光集』が刊行されている。また、高《たか》杉晋作《すぎしんさく》は、京都で交流した土佐《とさ》の吉村虎太郎《よしむらとらたろう》（寅太郎）、土佐勤王党《きんのうとう》の武市瑞山《たけちずいざん》（半平太《はんぺいた》）、岡田以蔵《おかだいぞう》、肥後《ひご》藩の宮部鼎蔵《みやべていぞう》や佐久間象山《さくましょうざん》を斬った河上玄斎《かわかみげんさい》（彦斎）ら、諸藩の人物のリストを文久《ぶんきゅう》三年（一八六三）に『観光録』として書き残している。彼の学んだ長州《ちょうしゅう》藩藩校明倫館《はんこうめいりんかん》は大学生に易経を教えている。したがって江戸時代には、易経を学んだ知識人には観光という言葉は使用されていた。しかし、一般には普及しておらず、まして物見遊山をあらわす言葉として使用されることはなかった。

遊覧から観光への変化がわかる公文書としては、大正一〇年（一九二一）に名勝佳景《かけい》を訪れる外国人客が増加しているのに、諸般の設備が不十分なので松島《まつしま》、金華山《きんかさん》のように対策を講ずる必要があるとして、内務大臣より「海外遊覧客誘致」の閣議請願がなされている。昭和一〇年（一九三五）の長崎の都市計画でも、路線変更の理由に「交通並びに遊覧幹線道路として」と、まだ遊覧を使用している。しかし、同一三年になり鎌倉《かまくら》の都市計画に際しては、風致地区決定理由に「観光遊覧地として著名なり」と観光の使用を始めた。

富山県内における遊覧から観光への変遷としては、まず、議会や団体などでは、昭和四年、県会議長から内務大臣宛「立山《たてやま》連峰の国立公園指定の意見書」には「民衆の遊覧に資し……」とある。

昭和七年には産業観光富山宣伝会が発足し、同八年には県議会が「富山、藤橋《ふじはし》間観光道路速成ニ関スル建議」と「日満産業大博覧会開催ニ関スル意見書」で観光を使用している。続いて同九年から発行された各種案内書、鳥瞰図《ちょうかんず》は、観光を使用しはじめている。同九年、富山県発行の『観光の富山県』序文では「名所旧蹟国宝物等を網羅して……県内観光の便に供せん……」とあり、語源に近い意味で、観光が使われている。

また、昭和九年の『富山県対岸貿易拓殖振興会会報』に掲載された「高山線全線開通」の記事では、観

表1－1　表題に「観光」を使用した明治時代の書籍

著編者	図書名	発行年	内容
白根多助	観光余事	明治12年	米国18代大統領グラントとの会談
岡千仞	観光游草	明治21年	中国各地で詠じた詩集
岡千仞	観光紀游	明治25年	中国旅行記
岡本金二郎編	観光図説	明治26年	兵への勅諭，告諭，旗章，軍人服制等の図
不明	東北地方観光地図帖	明治33年	東北の旅館，行事，みやげを紹介
山田寅之助	羅馬観光記	明治41年	ローマのキリスト教聖地の旧跡
永井久一郎	観光私記	明治43年	中国見聞録

表1－2　近代の国語辞書の「遊覧」と「観光」収録状況

辞書名	遊覧(いうらん)	観光(くわんくわう)
言海(明治22年版)	遊ビ覧ルコト　物見遊山	記述なし
日本大辞林(明治27年版)	ものみのあそび	記述なし
帝国大辞典(明治29年版)	遊びながら見物してあるく	記述なし
言海(明治37年版)	遊ビ覧ルコト　物見遊山	記述なし
改修言泉(大正11年版)	遊びながら見まはること	他国の制度・文物などを視察すること
大日本国語辞典(昭和3年版)	遊びながむること	他国の光華を視察すること
大言海(昭和7年版)	遊ビ覧ルコト　物見遊山	記述なし
廣辞林(昭和12年新訂版)	遊びながらの見物	他国の状況又は人民の風俗などを観察すること
廣辞林(昭和24年新訂版)	遊びながらの見物	同上
新編大言海(昭和57年新編版)	遊ビ覧ルコト　物見遊山	他国ノ光華ヲ観る義
日本国語大辞典(平成13年版)	遊びながめること	他国他郷の景色，史跡，風物などを遊覧すること

光を使用、同年の富山県の「飛行料金命令書」では遊覧を使用している。同一一年に富山市で開催された日満産業大博覧会展示館では、観光館と観光奈良館が展示されているので、このころは併用期と考えられる。

一方、言葉に敏感な新聞はどうであったか、昭和五年から一一年までの地元紙『富山日報』に掲載された見出しを拾ってみると、満州事変、五・一五事件、国際連盟脱退、帝人事件、二・二六事件と続いた暗い世相を反映してか、遊覧、観光の見出しが非常に少ない。そのいくつかを拾うと、同六年「遊覧団体の……」、同七年「北陸地方遊覧地投票当選地」、同八年「遊覧地の無いことから富山の宝塚……」や「遊覧都市で富山市を紹介」の記事がある。同九年になり、「国立公園を充実外人誘致に努力」の見出しで「……外人観光客を……」と観光を使っている。同年には「高山線の全線開通、一〇〇パーセントの観光価値」の記事もある。同一一年になると「富山電気鉄道全線開通」の見出しで「産業と観光の大動脈……」と記述している。

以上の観光の使用例から判断すると、富山県内では、昭和一〇年前後が遊覧から観光への遷移期と考えられる。

このような状況から国語辞典においても観光なる用語が収録されたのは比較的新しい。表1―1に「観光」をタイトルに使った明治時代の書籍を、また、表1―2に国語辞典に収録された「遊覧」と「観光」の収録状況を示したがこれからわかるように観光という言葉は、明治から昭和初期までの短期間にその意味するところがまったく変化した稀有な言葉であろう。

観光行政と観光事業活動の変遷

明治六年（一八七三）一月一五日、政府は、太政官布告第十六号により、「古来ノ勝区」と「名人ノ旧跡」を「永ク満人偕楽ノ地トシ公園」として図面をそえて申出ることをうながした。そして、「東京ニ於テハ金龍山浅草寺《きんりゅうさんせんそうじ》東叡山寛永寺《とうえいさんかんえいじ》境内ノ類京都ニ於テハ八坂社清水《やさかしゃきよみず》ノ境内嵐山《あらしやま》ノ類総テ社寺境内除地或」を該当例として示した。

以降、昭和九年（一九三四）に立山連峰を含む中部山岳地帯が国立公園に指定され、戦後になり、同三八年には「観光基本法」が制定されたが、その後、平成一八年（二〇〇六）に「観光立国推進基本法」と改正された。

行政の観光に対する組織の取組みとしては、昭和五年に鉄道省が国際観光局を設置し、京都市は観光課を設置している。

一方、富山県においては、組織規定で観光があらわれるのは公選二代知事高辻武邦《たかつじたけくに》就任二年目の昭和二四年に土木部計画課の所掌として「公園に関すること」、「観光に関すること」が規定された。三代吉田《よしだ》實《みのる》の時代、立山・黒部《くろべ》・有峰《ありみね》循環ルート計画推進のため、富山県行政組織規則を定め、同三四年の富山県規則第二十号において、経済部に通商観光課を設置し、所掌として「観光に関すること」、「自然公園に関すること」、「旅行斡旋業に関すること」、「観光統計に関すること」を規定した。また、出先機関に物産斡旋所を設け、その所掌事務に「県の観光案内に関すること」を定めている。ちなみに隣の石川県は、昭和三一年(一九五六)に商工観光課、同三五年に都道府県では全国一〇番目となる観光課を設置している。

観光客受入れの民間の動きとしては、明治二六年(一八九三)に、「遠来の子女を歓待し旅行の快楽、観光の便利を享受せしむる」ことを会の設立目的とし、観光を現在の意味に近く使用した「喜賓会《きひんかい》」(ウエルカム・ソサエティー)が誕生した。この会は、同四五年に解散し、ジャパン・ツーリスト・ビューロー(JTB)がかわって設立された。昭和九年、この団体の邦語名を日本旅行協会と称し、東京都内、京都、横浜、名古屋、大阪、日光《にっこう》、箱根《はこね》、金沢、岐阜および富山市の百貨店宮市大丸《みやいちだいまる》富山支店内に案内所が設けられた。姉妹機関として日本旅行倶楽部、日本温泉協会、日本温泉倶楽部が同時に設立された。

メディアの観光に対する動きとしては、明治維新の改革により、荒廃した名勝古蹟地の再興保存と無名の景勝地を世に紹介することを目的として、月刊誌『名勝雑志』が明治三〇年三月に石倉重継《いしくらしげつぐ》により創刊されたが、近代の旅行雑誌の嚆矢《こうし》であろう。また、アメリカの旅行家シンシア＝エリス＝ルービン博士によれば、同五年にスイスのカール＝ローリッヒが描いたチューリッヒの風景が出版業者J＝H＝ロシャーによって私製葉書に刷られている。やがて風景葉書は広く世界に流行し、日本では同三六年に逓信《ていしん》省令第六一号「私製葉書製式規則」により、私製葉書の流通が許可され、各地の名勝地が絵葉書で紹介されるようになった。

鉄道の開通効果と名所・旧蹟案内書の発行

近代の鉄道の発達が観光におよぼす影響は大きかった。大正二年(一九一三)、敦賀《つるが》—直江津《なおえつ》間の鉄道が開通し、これによって富山は関東、関西と結ばれた。

鉄道開通にともなう影響を評価する地元の論調は大きく分かれていた。ピンチ論として、地元新聞『北陸政論』は「北陸鉄道架設後に内外の紳士紳商が続々来県するであろうが、富山市は買いたい工芸美術品がなく、特に一つの公園もなく、県内外国人の目を楽しませることがないので、敦賀—直江津間の鉄道が開通しても、紳士紳商は、ただ富山市を通過し、一泊したり滞在するものがいない」と警鐘を鳴らしている。一方、チャンス論としては明治三六年(一九〇三)五月一日に官選一一代知事李家《りのいえ》隆介《たかすけ》が内閣総理大臣桂《かつら》太郎《たろう》に宛て「北陸地方の対岸であるロシア領シベリア、朝鮮地方との交通事情が漸次逼迫《ひっぱく》するようになる」と富山を環日本海の中心として発展させることを意識していたと思われる「富直《ふちょく》鉄道布設につき知事上申書」を書いている。

『富山商業月報』も「富直鉄道全通による諸般への影響」と題して新潟と北陸三県の関東、信越、関西との米、水産物、売薬、銅器、漆器などの交通運輸状態の変化による富山にとってのメリットとデメリットを論じている。

鉄道会社の観光への関わりをみると、会社設立趣意書、鉄道敷設免許願では、都市を結ぶ幹線では、「軍事、産業上の必要性」を、郡村部の支線では、「鉄道を布設しないと地方の衰替は到底挽回できない」といった趣旨が多い。大正九年の「黒部鉄道敷設免許申請書」では愛本《あいもと》温泉、黒薙《くろなぎ》温泉への誘致を鉄道敷設の目的の一つとしている。昭和九年（一九三四）の高山《たかやま》本線の全通に際して、『富山県対岸貿易拓殖振興会会報』には「高山の情緒、下呂《げろ》、平湯《ひらゆ》の温泉、国立公園アルプスの展望台として一〇〇％の観光価値を有する……」と飛驒《ひだ》・越中《えっちゅう》観光圏を意識した文面であった。また、同一一年には、「富山電気鉄道の全線（田地方《でんじがた》―滑川《なめりかわ》）開通　勧業と観光の動脈として……」と『富山日報』が報じている。鉄道の発達にともない、県、郡、町は表紙がカラーで鳥瞰図つきの名勝地と歴史を紹介した案内書を発行した。また、鉄道各社も利用客の増加をねらい、名勝案内書を出版した。これらの案内書からも、富山県で観光という言葉が一般に使われはじめたのは同一〇年前後であったことがわかる。

江戸前期の儒者である貝原益軒《かいばらえきけん》はその著『楽訓《らくくん》』において「旅行して他郷に遊び、名勝の地、山水のうるわしき佳境にのぞめば、良心を感じおこし鄙吝《ひりん》を洗ひすすぐ助となれり。是《これ》も亦《また》我が徳をすすめ、知を広むるよすがなるべし」と述べ、旅の効用を説いている。富山から笹津《ささづ》までを結んだ富山軽便鉄道が名勝案内書執筆で有名な森永規六《もりながきろく》の筆により、大正三年（一九一四）に『富山鉄道沿線名勝案内』を発行した。彼は、冒頭にこの一文を引用しているが、この一節は、現代の観光に対する指針であり、安易なツーリズムへの警鐘でもある。

（貴堂　巌）

二　昭和の観光地(景勝地)人気投票

「日本新八景」と富山

昭和二年(一九二七)、大阪毎日新聞社・東京日日新聞社主催、鉄道省後援で景勝地の人気投票「日本新八景」が実施された。四月一〇日から五月二〇日までの期間に、九三四〇万票余を集めるという全国を熱狂させた企画である。日本の総人口が約六〇〇〇万人の時代であったことを考えると驚きである。

内容は、平原・湖沼・瀑布・渓谷・河川・海岸・山岳・温泉の八部門において一般投票を受けつけ、投票一〇位以内と審査委員の推薦地が二次審査に進む。そして、最終的には審査委員の協議によって「八景」「二十五勝」「百景」を決定したものであった。企画発表時は「八景」だけを選ぶ予定であったが、主催者側の想定をはるかに上回る盛上りをみせたため、途中で「百景」を、最終審査時に「二十五勝」を選定することが決められている。

「葉書一枚につき一景」というルールさえ守れば何度でも投票可能であったことから、葉書を大量に準備した各地の「入選期成同盟会」をはじめとした団体による組織票が多く占めた。これには、投票経過が紙面に連日掲載されたことも強く影響したと考えられ、各地でライバルに負けじと大々的な宣伝活動が行われた結果、集票合戦に火がついたのである。いくつか例をあげると、地元美女たちによる

表1－3　「日本新八景」における「八景選定地」

部門	景勝地名	一般投票	
		得票数	順位
平原	狩勝平原	139,552	5
湖沼	十和田湖	734,112	3
瀑布	華厳滝	214,381	9
渓谷	上高地渓谷	606,391	11
河川	木曽川	933,735	3
海岸	室戸岬	2,618,892	1
山岳	温泉岳	3,818,721	1
温泉	別府温泉	484,697	10

都市部へのPR活動、新聞への全面広告掲載、東京をはじめとした都市部への事務所設置など、また、投票葉書を確保するために、住民への戸別割、地元出身有力者への寄付金依頼、村有林の売却などが行われた地域もあったという。この当時、年間使用葉書枚数は約一二億枚といわれており、この尋常ではない盛上りによって、全国の一カ月使用平均枚数ほどの葉書が二カ所の新聞社に殺到したことになる。

しかし、得票順位はあくまでも審査会へのパスポートに過ぎず、結果に反映されるわけではなかった。投票一位で「八景」に選定されたのは、室戸《むろと》岬《みさき》と温泉岳《うんぜんだけ》(雲仙《うんぜん》岳)のみである。渓谷部門で投票一位(約三一三万票)ながら、審査委員推薦で進出してきた同一一位の上高地《かみこうち》に逆転された天竜峡《てんりゅうきょう》をかかえる長野県飯田《いいだ》町では、「東京日日新聞」のボイコット騒ぎが起きた。騒ぎを収束させるため、東京日日新聞社の上層部が町長をはじめとする地元有力者と協議した結果、会社側の全額負担で天竜峡の実景映画を制作することで手打ちしているが、ほかにも岐阜・佐賀などでも不買運動があったという。もちろん主催者側のねらいは部数増大にあったのだが、反響も反動も非常に大きい企画となった。

このような盛上りを呈した理由として、審査委員の人選も指摘されている。竹内栖鳳《たけうちせいほう》・藤島武二《ふじしまたけじ》・横山大観《よこやまたいかん》らの画家、泉鏡花《いずみきょうか》・北原白秋《きたはらはくしゅう》・幸田露伴《こうだろはん》・谷崎潤一郎《たにざきじゅんいちろう》といった作家や詩人をはじめとした一流文化人だけにとどまらず、後の昭和六年（一九三一）に制定される国立公園法の事前調査に関係していた学者も多く名を連ねており、この点も人びとや地域の関心を集めた一因と考えられよう。この時期は、大正から昭和初期にかけての旅行ブームまっ盛りの時代であり、「観光」というキーワードは人びとを強烈に惹きつける力をもっていたことがうかがえる。

富山県においても「日本新八景」はたいへんな盛上りをみせた。投票期間序盤から中盤にかけては、組織票とみられる投票によって、黒部峡谷《くろべきょうこく》・小川《おがわ》温泉・宇奈月《うなづき》温泉・立野ヶ原《たてのがはら》が各部門でトップ一〇入りしている。しかし、中盤以降は資金の問題が生じたのか、徐々に脱落していくなかで、黒部峡谷だけは「黒部峡谷入選期成同盟会」（以下、本項内では「入選期成同盟会」）の熱心な活動により、八二万票余を集めて八位と奮闘をみせた。当時の県人口は約七五万人であり、数字上では県民一人一票以上を集めたことになる。最終的に黒部峡谷は、立山《たてやま》とともに「二十五勝」に選定された。

富山県とも協力して活動してきた「入選期成同盟会」は、終盤期には富山市・高岡《たかおか》市にも支部を設置し、両市からの援助・協力も受けていた。さらに注目すべきは、ライバル社の企画にもかかわらず「挙県一致」となった投票を呼びかける記事を掲載した『富山新報』『北陸タイムス』『高岡新報』といった地元紙の存在である。同業他社が、ライバル紙のイベントへの積極的な参加をうながすという特異な報道姿勢からも、地域の熱狂のほどが看取できよう。まさに社会現象であった。

「日本新八景」での県内景勝地をめぐる動向については、別稿で分析しているため詳細はそちらに譲るが、ここでは「入選期成同盟会」の中心人物であった吉沢庄作《よしざわしょうさく》が、『新川時論《にいかわじろん》』（昭和二年八月一五日）へ寄稿した文章の要旨を紹介しよう。当時の関係者の思いを知ることができる資料は珍しい。

日本新八景の選定問題も、結果が出たことで落ち着くところに落ち着いたが、今考えてみると何が何であったのか……得票に夢中になった団体も多くあったが、どれだけ票があろうと審査員には価値も認められず一蹴されたこともあり、得票数を無視するなら最初から審査だけにしてい

表１－４　「日本新八景」における富山県内のおもな得票地

部門	景勝地名	一般投票		審査委員会	
		得票数	順位	一次審査	最終審査
渓谷	黒部峡谷	822,639	8	入選	二十五勝
温泉	小川温泉	261,803	18	－	－
山岳	立山	66,363	28	復活入選	二十五勝
温泉	宇奈月温泉	24,133	31	落選	－
平原	立野ヶ原	2,895	19	－	－
湖沼	放生津潟	1,650	18	－	－
瀑布	称名滝	158	29	－	－
河川	神通川	101	26	落選	－

昭和初年の黒部峡谷（岩永信雄撮影）

れば、という意見もあったようだが、これはあまりにみっともない。そもそも、金をはがきに替えて票数さえ作れば勝てると思ったのが間違いで、このようなブルジョア的思考が審査会の席で一蹴されたのは痛快だった。

我々の黒部峡谷は、最初から笛につられて大衆とともに踊ったものの、輪に踏み込んだ時とは段々調子が変わったのに気付いて失望したが、ともあれ大衆の輪に押されながら付いて行ったのである。何とか候補圏内の八位に入り、審査員の最初の会合が開かれた際の情報では、黒部が「八景」の第一候補になっていた。ただ、黒部が審査員の中で最高点を獲得していたといっても、黒部をよく知ってのことではなく、名前を聞いたことがあるといった程度だったようである。

その後、小委員会の選考では、瀞八丁《どろはっちょう》、黒部、上高地の順になったが、各々の委員が自身の推薦地が落選すると面子が潰れるという自己主張ばかりでみっともないこと甚だしかった。勝敗は別として委員の景勝論の下に堂々と議論してもらいたかったが、結局のところ黒部は、上高地、瀞八丁に続いて渓谷部門の第三位として「二十五勝」に至ったのである。

この審査会で非常に喜ばしかったのは、小委員会で落選していた立山が、万丈の気を吐いた石《いし》井鶴三《いつるぞう》画伯によって死地から呼び起こされ（註―一次審査で落選した景勝地の中で、立山だけが復活入選を遂げた）、投票一位の温泉岳と雌雄を決するまでに至り、惜しくも二位となったが「二十五勝」の主位を占めたことであった。審査当日、立山旅行から審査会場にリュックサック姿のまま馳せ参じた石井氏の真摯な態度を、立山の神霊も深くあわれと思し召されたのであろう。兎も角、私は石井氏へ感激の一文を送ったのであった。

表1－5　「県下理想的避暑地」入選地

避暑地名	得票数
生地鉱泉	83,134
東岩瀬海水浴場	75,248
八木山の滝	54,790
高熊鉱泉	44,244
笹津遊園地	36,891
城端ラジウム鉱泉	30,432
湯谷温泉	22,277
雨晴海水浴場	20,583
小川温泉	16,709
放生津潟ガメ島	8,066

県下理想的避暑地

日本中を熱狂させた「日本新八景」の余熱を受け、こののち、類似企画が各地で催された。そのような人気投票の一つが、昭和二年(一九二七)六月十八日から七月二七日までを投票期間とした富山新報社の「県下理想的避暑地」選定である。

『富山新報』は累積赤字によって廃刊した『北陸政報』の後身であり、地元新聞社四紙のなかでシェアは最下位と苦しい境遇にあった。大正一三年(一九二四)、経営再建を託されたのが、前身会社や東京で記者として活躍していた中村甚松《なかむらじんまつ》である。中村の陣頭指揮によってすぐさま業績回復の兆しをみせ、昭和五年には黒字経営に転換した。経営再建のさなかにあった富山新報社が「日本新八景」の活況を目のあたりにし、これに便乗して部数増大をはかったと考えることは、あながちまちがいではないであろう。

この企画は、温泉・遊園地・滝・海水浴場・鉱泉から一般投票をつのり、それをもとに審査委員が協議で選定するという、部門別であった「日本新八景」と若干の異なりはあるものの、よく似た内容である。

投票合戦は、終盤に抜出した生地《いくじ》鉱泉が逃げきった。『富山新報』によると、各地で協議会や後援会が立上がっており、やはり組織票が大部分を占めたとみられる。総投票数は四四万票余と、黒部峡谷だけで八二万票余を集めた「日本新八景」と比べると物たりなさを感じるが、これは『富山新報』が立憲《りっけん》政友会《せいゆうかい》富山県支部の機関紙であった点も少なからず影響をあたえていたと考えられよう。

当初の規定では、審査委員の選定協議があるはずであったが、「投票結果を尊重して審査を行わない」ことが審査会場で決まり、得票数がそのまま順位となった。これは「日本新八景」の際に、落選地で不買運動などが起きた事実を考慮したものかもしれない。

「理想的避暑地」は「日本新八景」と同様、当時の旅行ブームに強くコミットしたものであったが、避暑地—レジャー施設—を対象とした点からは、「余暇」という概念の広がりも読取れる。このような人気投票を契機とした「おらが町」の観光資源のPR活動には、ローカリズム(郷土愛)の醸成という一面が内包されていた点は見逃せない。そして、企画の背景にある「旅行」「観光」「余暇」といったキーワードは、この時代、人びとの強い興味・関心を惹く対象として認識されていたこともうかがえる。

日本観光地百選

昭和二五年(一九五〇)八・九月の二カ月間、毎日新聞社が中心となり、「日本観光地百選」の選定が実施された。「日本新八景」と同様、葉書による投票で、海岸・山岳・湖沼・瀑布・温泉・渓谷・河川・平原・建造物・都邑《とゆう》の一〇部門の一〇位まで—一〇〇カ所の観光地—を選定するものであった。

期間中の新聞報道によると、富山県では立山と黒部峡を一つとみなして推薦し、映画会・写真展な

表1－6　「日本観光地百選」

部門	観光地名	得票数
海岸	和歌浦友ヶ島	1,406,208
山岳	蔵王山	2,330,676
湖沼	菅沼・丸沼	649,861
瀑布	赤目四十八滝	708,145
温泉	箱根	1,086,596
渓谷	昇仙峡	1,183,654
河川	宇治川	984,490
平原	日本平	860,455
建造物	錦帯橋	1,238,218
都邑	長崎	951,048

どで宣伝する一方、ポスター・チラシを使って県内だけでなく県外の県人会にも呼びかけている。また、八月一八日には宇奈月温泉で大花火大会を催して気勢をあげ、富山郵便局では応募葉書の特別扱い口を設けて、立山・黒部の図案入りスタンプも整えている。

最終的に総投票数は七七五〇万票余、富山県内からは黒部峡が渓谷部門の九位(一二五万票余)、庄《しょう》川峡が河川部門の一〇位(一二万票余)となった。両者とも二〇位以内に登場したのは後半戦に入ってからである。黒部峡は、内山《うちやま》村当局が街路植樹費一〇万円を投票費に回し、温泉組合も二万円程度を用立てて追込みをかけた。庄川峡では、東山見《ひがしやまみ》村・青島《あおしま》村などで商店街連盟や三業組合が投票につとめたという。その他、立山が山岳部門一七位(六万八〇〇〇票余)、称名滝《しょうみょうだき》が瀑布部門二一位(六〇〇〇票余)であった。先の熱狂にはおよばないが、こののち、戦後の旅行ブームのなかで観光地としての充実度や交通アクセスなどが飛躍的に向上していったのは周知のとおりである。

投票というスタイルによって経過が連日メディアを通じて報道されるということは、宣伝という側面も大きい。とくに、知名度の高くない観光地にとっては大きなチャンスであったといえよう。たとえば「日本新八景」では、「東北の宝塚《たからづか》」をめざして開園したばかりの花巻《はなまき》温泉が、二位とダブルスコアの差をつける二一二万票を集めた。最終的には「百景」であったが、この選定結果はともかく、連日

「花巻温泉」という文字が紙面に踊るという抜群の宣伝効果によって認知度の向上がはかられたことは想像にかたくない。観光地として成立して二〇年ほどの歴史しかない庄川峡が「日本観光地百選」に入選した背景にも、全国へ向けての宣伝の好機という認識があったのではないか。

このように新聞というメディアを通じた人気投票によって、有名無名を問わず各地のさまざまな観光資源が広くＰＲされていった。

（近藤浩二）

Ⅱ章　富山イメージの発信

一　戦前の博覧会にみる富山

大衆社会と博覧会

観光振興を考える場合、重要な要素の一つに、魅力ある地域イメージの創出があげられよう。当然、地域イメージは不変のものではなく、その地の歴史的条件・地理的条件に基づきながらも、各時代の人びとがその時代状況にあわせながら変化させ、または新たにつくり出してきた。

日本において観光旅行・ツーリズムは、第一次世界大戦後の大衆社会化のもとで広まっていった。そうした時代の到来は、大衆を対象とした地域イメージを描くことが必要とされることを意味し、それは今の時代においても同じであろう。ただし、戦前期と現代では、おのずとめざした地域イメージも異なるはずである。それでは、戦前期の富山の人びとはどのような富山イメージを創出したのであろうか。そしてその背景にあるものはどのようなものであったのか。

本節では、こうした問題を考えるための素材として、昭和一一年(一九三六)に開催された、富山市主催日満産業大博覧会(以下、「日満博」)を取上げる。当時、博覧会は各地で頻繁に開催されていたが、それらは明治期のような殖産興業を目的としたものに比べ、より消費文化や娯楽性を重視した、大衆向けのものとなっていた。また博覧会は、その趣旨や展示内容、会場図、演出方法などから主催者の意図が見出せるため、地方博覧会を素材にすることで、地域の自画像を明らかにすることができる。

「日満博」と富山イメージ

日満博とは、昭和一一年(一九三六)四月一五日から六月八日まで、神通川《じんづう》廃川《はいせん》埋立地を会場として開催された博覧会である。主催者は富山市であるが、その役員をみると総裁に県知事、副総裁は県部長・富山商工会議所会頭、会長が富山市長となっており、また、県知事を総裁、富山商工会議所会頭を会長とした協賛会も同一〇年に設立されるなど、県や商工会議所の関与がみられる。

また日満博は、日本と昭和七年に建国宣言がなされた「満州国」の「親善」を目的としたものであったが、会の趣意書は、帝国日本の対外膨張が進むなかで、富山がいかに重要な位置にあるかということを主張するものでもあった。そこではまず、現在「日本海は日満産業貿易上の活舞台となり」、北陸が「帝国の表玄関」になろうとする時代とし、そして、そのなかでも富山県は、雄基《ゆうき》(朝鮮)―伏木《ふしき》間直通命令航路、富山―岐阜間を通る高山《たかやま》本線、富山飛行場によって、「完全なる日満連絡最捷路《さいしょうろ》の地位を獲得せむとする」と、日満交通の要であることを訴えている。さらに、富山市は東岩瀬《ひがしいわせ》港の修築、富《ふ》岩《がん》運河の開削などによって「市勢頓に活気を呈し」ていると述べている(『富山市主催日満産業大博覧会誌』、以下、『会誌』とし、本項でとくに注記がない限りは、同書に基づくものである)。当時富山県では、明治期の神通川の馳越《はせこし》線工事(神通川の蛇行する部分に、新たに直線の水路を設けた治水工事)によってできた、廃川地の埋立ておよび土地区画整理や、富山市から東岩瀬港までを結ぶ富岩運河の開削などを実施する富山都市計画事業が昭和三年に定められ(Ⅳ章三参照)、廃川埋立地で開催される日

日満産業大博覧会全景 絵葉書（富山市郷土博物館蔵）

満博はこの事業の完成を記念したものでもあった。

さて、趣意書ではほかにも県内の名所などを紹介しており、たとえば、富山市の二大特色として「売薬の香」、「中部山岳連峰の大観」、そして周辺の「立山《たてやま》・黒《くろ》部《べ》の神秘峡」、ホタルイカ、蜃気楼《しんきろう》、温泉、「水電王国としての雄大なる施設」など、景観地や温泉地、近代施設があげられている。

それではこうした富山イメージは、日満博においてどのように表現されたのであろうか。『会誌』では、誘致する観覧者の対象として次のように述べている。まず、「現代の大衆が最も要求するものは科学的興味」であり、そのため、博覧会の内容は「近代文化の諸相を、極めて科学的統一によつて充実すること」とした。しかし、そうした内容は大都会の人びとにとっては馴れすぎたものであるため、その対象は「北信辺陬《ほくしんへんすう》の地方」となる。そして、大都会や遠方の人たちには県内の観光地によって誘致をはかった。さらに、本願寺館《ほんがんじかん》を設置して信徒を集めるという方法もとり、相手によってあたえるイメージを変えていた。

ここで注目したいのは、「科学的統一」がなされた展示の対象として「北信辺陬の地方」の「大衆」、つまり富山県および近隣県の人びとを想定しているということである。実際、前売り券は販売時期が大雪となったことなどもあり、そのほとんどが県内で販売された。また、団体観覧は富山県および近隣県が中心であり、市内小学生の観覧を奨励するなど地元での勧誘も行われていた。したがって、趣意書にもみられるような富山を「帝国の表玄関たらん」北陸地方の要とするイメージはとくに地元や近隣の人びとに対して向けられたものであったといえよう。

つぎに会場のようすをみてみよう。正門前には各テーマ館が噴水を囲むように設置され、これらをいかした形で主要観覧コースが定められた。まず正門左の観光館、電気と工業の館へいく左回りコース、そして日満記念館をへて本館へと続く中央コース、正門右には、富山県館・朝鮮館、そして陸橋を渡り国防館・外国余興場にいたる右回りコースの三つがあった。また、中央部には愛知名古屋館、電気館、台湾館、満州館、朝鮮館、京都館などを設置し、日満記念館や噴水塔、花壇などとあわせて「会場の豪華中心地帯」とした。このように、入口近くに富山の産業を代表する電気をテーマにした館や富山県館、そして、日満記念館の周りに朝鮮館、台湾館、さらには愛知名古屋館を設置することで、名古屋—富山—植民地《しょくみんち》というルートが想起される設定になっている。ここから、会場の配置そのものが趣意書を反映したものとなっており、観覧者に印象づけようという意図がみてとれる。

また、各館の展示手法は観覧者の関心を誘うため、娯楽性に富んでいた。会場では、「電気王国富

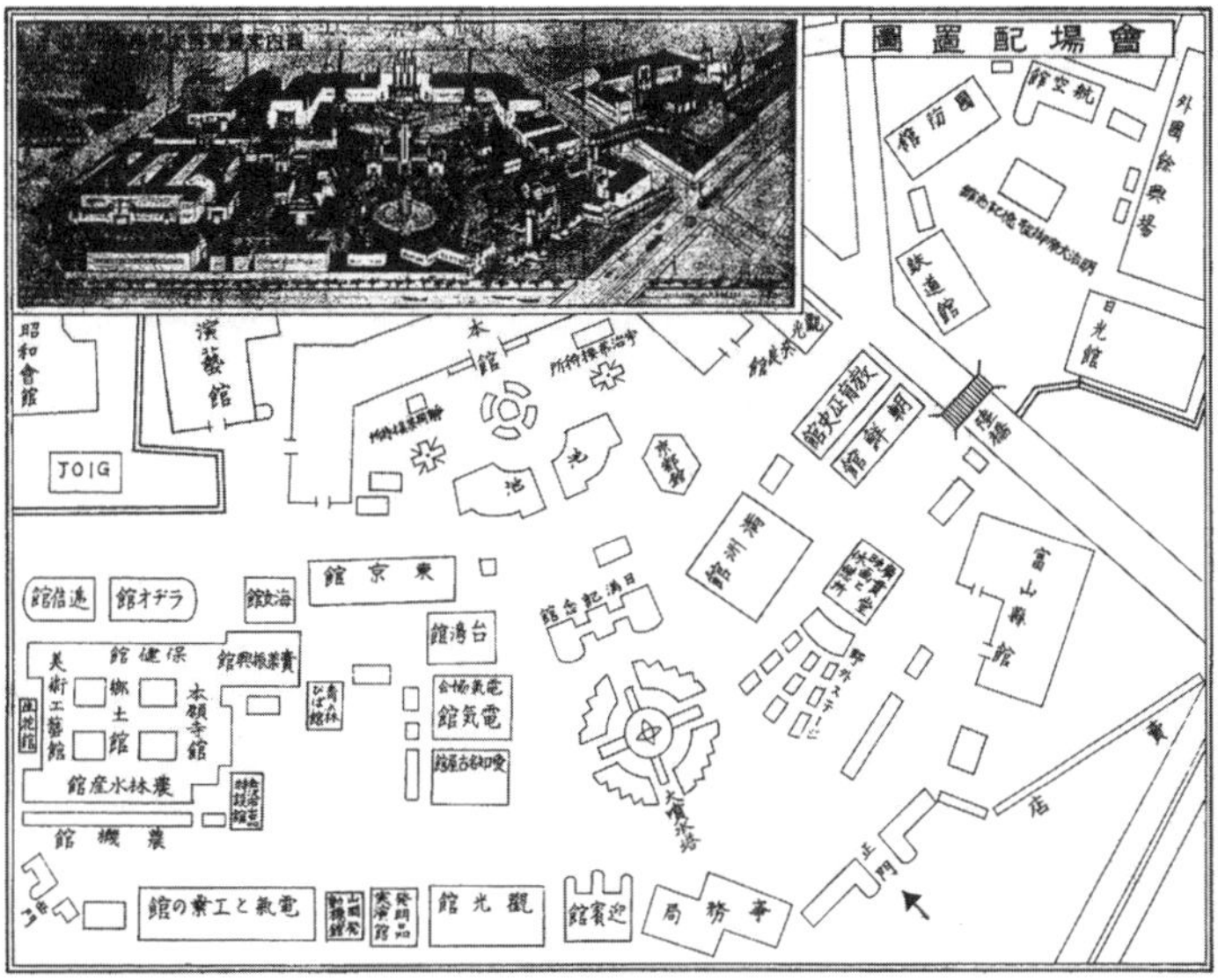

会場配置図（「富山市主催日満産業大博覧会会場案内」より）

山」をアピールするしくみが各所にみられたが、富山県電気協会設営の電気館では、「場内随一の愛嬌もの」のロボットが、電気事業の宣伝だけでなく、「さかんに首や手を振って」、「注文があれば流行唄でも小原節《おわらぶし》でもなんでも」と、親しみのある姿で終日黒山の観衆を喜ばせたという。

　同館でもう一つ注目すべきなのが、「電気ホームの一日」という等身大人形を使った展示である。ここでは、主人・主婦・子ども・家政婦がいる都市中流家庭をモデルとし、ラジオ、電気掃除機・洗濯機・アイロン・ストーブなどさまざまな家庭電化製品を使った暮らしを紹介している。『会誌』ではこの展示について、「近代科学の母胎『電気』の需要は一国文化のバロメーターといはれる今日、これこそまさに近代人の科学的感覚を完全にキヤッチする好箇の施設」、「電化の粋をつくした文化的家庭の一日を示した」と表現している。

このように、単に珍しい電気技術をみせるだけでなく、近代家族の生活のなかに電化製品を置き、それを紹介することで、電化生活が観覧者にとって身近でかつ理想的なものとしてみえたことであろう。こうした方向性は戦後、昭和二九年(一九五四)の富山産業大博覧会に引継がれることになる(Ⅱ章六参照)。

ほかにも、家族を対象とした娯楽施設には、富山城址内に設置された「子供の国」などがあり、「博覧会観覧客を家族的団欒のうちに疲れを癒し」たという。

日満博は会期五五日、夜間も開館し、入場者数は九一万三〇三〇人であった。

他の博覧会との比較

さて、日満博の特徴をより明らかにするために、比較対象として、大正二年(一九一三)九月一日から一〇月二〇日まで開催された富山県主催一府八県連合共進会(以下、「連合共進会」)をみておこう。連合共進会は本館・参考館・水族館・畜産館の四カ所で開催され、本館は上新川《かみにいかわ》郡堀川《ほりかわ》村(現富山市堀川小泉《こいずみ》町)に置かれた。出展は東京・新潟・栃木・群馬・滋賀・岐阜・福井・石川・富山の一府八県からで農業園芸・畜産業・蚕糸業・林業・狩猟・鉱業・水産業・飲食品・染織工業・製作工業・化学工業・意匠図案・機械特許品・参考品の一四部に分けて展示された。

大正四年(一九一五)三月刊「富山県主催連合共進会事務報告」によれば、この連合共進会は、富山—

直江津《なおえつ》間を結ぶ富直《ふちょく》線の全通、伏木港湾の修築を機に開催されたものであった。そして、これらによって「鉄路ハ表日本ヨリ北陸道ノ沿岸ヲ縦貫シテ信越間等方面ニ連絡」し、「内外通商貿易ノ発展ヲ図ルニ頗ル有利ナル地位ヲ占ムルニ至」ったと、日満博同様に日本における富山の位置を強調する。ただし、会場配置図やその展示内容をみると、前述の出品分野に分かれて展示され、「表日本」とつながったこと自体のアピールよりも勧業の側面が強い。また、日満博でみられるような、娯楽性の高い施設はそれほど多くはなかった。ほかにも、正門近くには工業分野の展示が配置されており、工業立県をめざす姿勢が読取れよう。連合共進会の観覧者数は、四館あわせて七二万六四〇七人だった。

つぎに、日満博と類似の博覧会として、金沢市主催産業と観光の大博覧会(以下、「産業と観光博」)を取りあげる。産業と観光博は昭和七年(一九三二)四月一二日から六月五日まで、日満博と同じ会期五五日で、出羽《でわ》町練兵場を第一会場に、金沢城本丸跡を第二会場とし、開催された。同六年五月の趣意書は次のような内容であった。「日本海側は太平洋側に比べ、交通や産業の進展が遅れているが、金沢市は日本海側の「中央部」に位置し、産業は「重要輸出品」の絹織物業を主とし、「国粋物産」の陶磁器・漆器、美術工芸なども他の追随を許さず、また観光地も多い。従来、太平洋側の産業風物に馴れてきた人びとがようやくその視線を、金沢市を中心とした日本海側に向けるようになった。そこで、博覧会を開催し、産業の進展をはかり、国富の増進に資することを目的とする」(『金沢市主催産業と観光の大博覧会誌』)。このように、趣意書の時点では、ようやく日本海側が注目されてきたなかで、金沢がその中心にあろうとするもので、日満博と同様の意図があり、日本海側の各地域がそれぞれ中心であることを主張していたことがわかる。ただし、この時点で中国大陸についての言及はみられなかったが、昭和六年(一九三一)九月の満州事変、そして翌年一月の上海事変(金沢の第九師団が出兵)により、博覧会の内容も軍事色の濃いものとなった。

同博覧会誌掲載の第一会場配置図をみてみると、正門近くには台湾館・北海道館・満蒙《まんもう》館・東京館のほか、ラヂオ館・親鸞《しんらん》館に、金沢のイメージとつながる絹業館・美術工芸館、そして国防館などが並ぶ。ただし、朝鮮館・名古屋館・樺太館は会場奥に位置しており、名古屋とのつながりや「電気王国」であることを強調する日満博とは異なる。第二会場には観光館が置かれ、朝鮮・北海道・樺太・日本海沿岸三府県の名所旧跡を紹介した。

日満博と共通する点としては、国防館など軍国主義を喚起する施設が設置されたことであるが、それらは娯楽性をともなうものでもあった。たとえば、日満博での富山市の空襲と防衛のジオラマでは、「爆音、これを追ふ聴音機、迎へ撃つ高射砲など」、「動的に表現され」、「この館の呼物の一つ」であったといい、観覧者の興味をそそるようなしくみになっていた(『会誌』)。また、「子供の国」などの娯楽施設の設置も共通する点である。

産業と観光博の入場者数は『金沢市主催産業と観光の大博覧会協賛会会誌』によれば五六万八四〇人(第一会場のみ)であった。

イメージの時代性

このように、昭和初期の地方博覧会においては、その地域イメージを県内外にいかに広めるかという点が重視されていたことがわかる。富山の場合、そのイメージは、富山県が「電気王国」であり、帝国日本の重要拠点となっているというものであった。そして、その啓蒙対象の中心は県内の人びとであり、人びとに印象づけ、身近なものとして受入れられるための展示手法もみられた。

この時代につくられた富山イメージは戦後、そして現在にいたるまでになにが引継がれ、そしてなにが引継がれなかったのか、そしてそれはなぜなのか。これからの富山像を構築するためにも、今一度振返ってみる必要があるのではないだろうか。

（尾島志保）

二　「初三郎式鳥瞰図」と富山

鳥瞰図ブーム

明治二二年（一八八九）の東海道線全通以降、全国的に鉄道路線網が拡大していく。そして、この鉄道の広がりが短時日で各地へ出かけることを可能にし、大正中期ごろから全国的な旅行ブームが到来した。

この旅行ブームに密接して同じく全国で流行したのが、折本形式の色あざやかな印刷鳥瞰図《ちょうかんず》の制作だった。ここでいう鳥瞰図とは、鳥が空からながめるように、高いところから広い範囲を見渡す構図で描いた特徴的な絵地図である。この鳥瞰図ブームの火つけ役、かつ牽引役であったのが京都出身の吉田《よしだ》初三郎《はつさぶろう》(一八八四〜一九五五)である。初三郎は、描く対象を画面中央に大きく配置し、両端は弓なりに大きくゆがませることで、実際にはみることのできない遠景まで描き込むといった、極端なデフォルメ(変形)を加えた遊び心あふれる構図を生み出した。独特の画法で描かれた鳥瞰図は、「初三郎式」ともいわれ、近年再度脚光をあびている。

生涯に二〇〇〇点以上描き、「大正の広重《ひろしげ》」とも称された初三郎の鳥瞰図は、鳥取・沖縄両県を除く全国各地、朝鮮・満州・台湾を舞台とした作品も知られている。この戦前の鳥瞰図ブームは、昭和一二年(一九三七)に防諜上の理由から軍機保護法が改正されたことで収束していく。戦後になり、一時的に再燃するものの、初三郎が亡くなる同三〇年ごろから徐々に人びとから忘れ去られていった。

このような鳥瞰図は当時富山県内でも多くつくられ、富山・高岡《たかおか》・東岩瀬《ひがしいわせ》では初三郎の手によるものが制作されている。ほかにも初三郎最大のライバルと評された金子《かねこ》常光《つねみつ》、新美南果《にいみなんか》をはじめとした亜流絵師たちも含めると、自治体・鉄道会社・観光関係者などが依頼主となって制作された大正後期から昭和三〇年代にかけての鳥瞰図が七〇点ほど確認できている。このなかから富山県関係のおもな鳥瞰図について示したものが表２―１である。

富山県における鳥瞰図ブーム

鳥瞰図が制作される意図は、宣伝―地域などのＰＲ―にある。富山県内では当初、鉄道会社や観光

表2－1　富山県関係のおもな鳥瞰図

No.	表　題	発行年	発行者	絵　師
1	［大岩山図絵］	大正13	大岩山日石寺	葛西虎次郎
2	日本電力事業図絵	大正15	日本電力	本荘一
3	［天下の神秘峡　黒部峡谷］	大正15	黒部保勝会	吉沢庄作
4	黒部峡谷と宇奈月温泉	昭和4	黒部鉄道	金子常光・中田富仙
5	天下の名湯小川温泉	昭和5	小川温泉	金子常光
6	新名所　庄川峡と加越鉄道	昭和6	加越鉄道	金子常光
7	富山市を中心とせる県下名勝鳥瞰図	昭和7	産業観光富山宣伝会	吉田初三郎
8	高岡市を中心とせる名所鳥瞰図	昭和7	高岡市役所	吉田初三郎
9	上市町鳥瞰図	［昭和7～9］	上市町役場	不明
10	富山県観光交通鳥瞰図	昭和11	日満産業大博覧会協賛会	吉田初三郎
11	風光之氷見町鳥瞰図	昭和11	氷見町役場	新美南果
12	伸び行く魚津	昭和11	魚津町役場	金子常光
13	高岡市を中心とせる名所鳥瞰図	昭和11	高岡市役所	吉田初三郎
14	東岩瀬町鳥瞰図	昭和11	東岩瀬町役場	吉田初三郎
15	新湊町中心県下鳥瞰図	［昭和11］	新湊町役場	不明
16	富山県滑川町鳥瞰図絵	［昭和11］	［滑川町役場］	吉田外二郎
17	［富山県の俯瞰図］	［昭和11～15］	富山県商工会連合会	たかた
18	［黒部探勝乗換地　三日市町］	［昭和11～15］	不明	不明
19	五ヶ山庄川峡城端鳥瞰図	［昭和13～15］	不明	不明
20	高岡市鳥瞰図	昭和25	高岡市役所	吉田初三郎
21	富山市鳥瞰図	昭和29	富山産業大博覧会協賛会	吉田初三郎［吉田朝太郎］
22	産業と観光の新湊市鳥瞰図	［昭和31］	新湊市役所産業課	金桝長観
23	〈魚津市鳥瞰図〉	［昭和36］	［魚津市役所］	M.NAKANO［吉田朝太郎］

1）　本表は，『旅行時代の到来‼―パノラマ地図と近代大衆旅行―』掲載表に，その後の調査成果を加えて筆者が作成したものである。詳細は『旅行時代の到来‼』をご参照いただきたい。

2）　印刷鳥瞰図は，表紙と鳥瞰図にそれぞれ表題がついていることが多い。基本的には鳥瞰図の表題をとったが，［　］のものは鳥瞰図表題がないため表紙表題からとったことをあらわす。〈　〉は無題のため筆者による仮称。

3）　発行年・発行者・絵師の［　］は推定や補記をあらわす。

観光博出品の
大鳥瞰圖製作
吉田畵伯愈々着手す
期待さろ其の完成

今春金澤市に開催される觀光博にグレート富山市を中心に縣下一帶の名勝舊蹟を紹介するため大鳥瞰圖を出品することになり富山市役所及び商工會議所ではこれが執筆を斯界の泰斗吉田初三郎氏に依囑方を懇請中であつたが
同氏は　これを快諾、九日午前同氏門下中の秀才前田虹映、清水[illegible]太郎、中村[illegible]三郎の三氏さ共に名古屋より來富、富山館に投宿した、同氏は向ふ一箇月の豫定で此の大鳥瞰圖を完成する筈であるが、これが豫備知識を得るため近く縣下へ名勝舊蹟の踏査、寫生行脚に出るが此の大鳥瞰圖は天地三尺、左右三間半の
大作物　であり同氏もこれを機に充分北陸觀光都市としての富山市を洽く內外に宣揚せしめんさ云つてゐるが完成の曉は同氏獨特の逸筆に相俟つてさぞ見榮へのある大逸物が出來るであらうさ一般から大いに期待をかけられて居る

『富山新報』(昭和７年２月12日，北日本新聞社提供)

関連団体による鳥瞰図発行が多かった。たとえば昭和六年(一九三一)の「新名所　庄《しょう》川峡と加越《かえつ》鉄道」は庄川峡を中心に描き、そのなかでも前年に完成し、当時東洋一ともうたわれた小牧《こまき》ダムの威容が目を引く。これは小牧ダムの完成による観光地としての庄川峡が形成されたことに端を発すと考えられる。なにより鳥瞰図につけられた「新名所」という言葉が、観光地の成立を指し示しているといえよう。

そして同七年、富山県にはじめて吉田初三郎の鳥瞰図が登場した。富山・高岡両市が、金沢市で行われた「産業と観光の大博覧会」に出品する鳥瞰図を初三郎に依頼したためである。「斯界の泰斗《たいと》」であった初三郎がはじめて富山の鳥瞰図を描くことは、新聞記事になるほどだった。

さて、このような流れのなか、同一一年につくられた県関係鳥瞰図の多さが非常に目につく。同年は富山市で日満産業大博覧会(日満博)が開催された年である。

日満博開催に際し、「平面図に依る宣伝よりも、鳥瞰図に重きを置くの要あるを認め」、「立山《たてやま》連峰の雄大、黒部《くろべ》峡谷の幽邃《ゆうすい》、其の他神通《じんづう》峡、庄川峡の如き至る処山紫水明に富む本県に於ては一層鳥瞰図作製の要望切なるものがあつた」ため、初三郎に依頼して制作されたのが「富山県観光交通鳥瞰図」

であった。これは三万部印刷され、贈呈用として好評を博したとされる。また、観光館というパビリオンに出品した自治体・団体によっても鳥瞰図が配布されていたとの記録があるが、観光館への出品団体と一一年の鳥瞰図発行者には重なりがみられる。この機に地域PRをはかろうとした自治体がこぞって制作に動いたものと考えられ、結果として日満博が富山県における鳥瞰図ブームを生み出した。

戦後も高岡産業博覧会(昭和二六年)、富山産業大博覧会(同二九年)を契機として鳥瞰図が発行されており、地域PRの有効な手段として認識されていたと考えられる。

鳥瞰図の特長

ここでは、これらの鳥瞰図の特長についてふれてみよう。

まず「富山県観光交通鳥瞰図」(口絵)を例にあげるが、中心にすえられた富山市街地のなかには、旧神通川の廃川《はいせん》埋立地に建てられた富山県庁舎や海電《かいでん》ビル(現電気ビル)がひと際大きく描かれ、地域の開発(近代化)が進んだようすを看取できる。また先に述べたとおり、画面両端を極端にゆがめたことはユニークな構図になるだけでなく、当該地域と各地との空間的な結びつきを可視化することに成功した。この手法を用いることで、「富山県観光交通鳥瞰図」の画面左端には樺太、右端には満州・朝鮮が配される。そして、日満博の鳥瞰図にふさわしく、東岩瀬・伏木《ふしき》からの満州航路はめだつように描写され、また下関《しものせき》や青森から富山へいたる鉄道路線も描き込まれた。この独特な画法により、遠方まで画面内におさめることを可能にし、これによって鉄道路線・航路といった各地とつながる交通網の発達を視覚的にPRするには好適と認識されたのだろう。

金子常光の手による「新名所　庄川峡と加越鉄道」(口絵)もみてみよう。こちらでも左端は東京、右端は敦賀《つるが》から伸びる線路網が描き込まれ、鉄道によって庄川峡が各地と結びついていることが可視化された。そのなかでも依頼主の加越鉄道(石動《いするぎ》—青島町《あおしま》)をめだつように配色し、終点の青島町からは庄電軌道《しょうでん》が描かれ、交通至便な庄川峡という印象効果が読取れる。観光地の成立条件の一つとして、鉄道をはじめとする交通機関によって大衆が手軽に来訪できることがあげられるが、鳥瞰図はこの点を一目でわかりやすくPRすることを可能にした。

さらに、庄川峡周辺の個々のポイントをみてみると、各所で桜が咲き誇り、谷間は紅葉で色づき、牛岳のスキー場だけは雪に覆われている。地域によっては夏を表象するもの—海水浴場など—が描き込まれる場合も多い。つまり、この鳥瞰図は四季折々の見どころ・スポットを一枚に凝縮して描き込んだ地域の総合観光案内図だったという点は注目すべき特長であろう。

このような鳥瞰図には、デフォルメした画面によってランドマーク的なもの—地域の顔として存在したもの—を大きく描くという共通点がみられ、どれもビジュアルの面白さに惹かれる。これらを地域の顔を知る資料として光をあてることで、鳥瞰図の歴史的な価値が浮かびあがってこようか。この独特な構図を読み解くことで、当時の人びとが自分たちの住む地域をどのように認識していたか、どうみてもらいたかったかを示す有益な資料になりうるのである。

富山を描いた鳥瞰図絵師たち

大正後期から昭和前期ごろにかけて、鳥瞰図制作が全国的なブームであったため、多くの需要が存在していた。そのため、吉田初三郎の大正名所図絵社(のち観光社)から離反した金子常光らの日本名所図絵社がライバル社として存立しただけでなく、数々の亜流絵師たちも生まれた。多くの弟子をかかえて工房化し、なおかつネームバリューのあった初三郎に鳥瞰図制作を依頼するには多額の経費を要した。そのため、安価に請負う亜流絵師たちも必要とされたのだろう。「風光之氷見《ひみ》町鳥瞰図」を描いた澤田文精社《さわだぶんせいしゃ》(名古屋市)の新美南果は、早く・安く・大量に印刷することを売りにしていたといわれている。ほかにも、二代目初三郎こと吉田朝太郎《あさたろう》(朝彦《あさひこ》)、「日本鳥瞰画家」を自称した日本観光図絵社(京都市)の金桝長観《かねますちょうかん》、明治印刷(金沢市)関係の仕事を請負っていた吉田外二郎《そとじろう》が描いたものだけでなく、詳細がまったくわからない絵師の作品もあり、実に多種多様な鳥瞰図が生み出されていた。

当時の旅行ブームの影響下で生まれた鳥瞰図ブームは、富山県下も席巻していたのである。

(近藤浩二)

三　冊子や絵葉書による観光案内の歴史

冊子掲載の観光資源

近代において、富山県内の観光資源を紹介するために編集された冊子には、『富山県紀要』(明治四二年刊行)・『越中《えっちゅう》名勝案内』(明治四三年刊行)・『富山県案内』(大正一三年・大正一五年・昭和三年・昭和一一年の各年に刊行)・『観光の富山県』(昭和九年刊行)などがある。

これらの冊子で紹介されている観光資源の変遷をたどることによって、それぞれの時代の人びとが富山県のなにを観光資源としてアピールしようとしていたか知ることができる。なかでも『富山県案内』は、判の体裁やページ数はほとんど変わらないものの、内容については改定されるごとに少しずつ削減や追加がなされており、比較しやすい。

『富山県案内』に掲載された観光資源を調べると、昭和一一年(一九三六)を境に、次のような変化がみられる。

・皇室ゆかりの場所の紹介がふえた。たとえば、薬都富山を代表する製薬会社である広貫堂《こうかんどう》のなかにある御座所《ござしょ》・大正記念館・明治天皇行在所《あんざいしょ》・明治天皇御休所《ごきゅうしょ》・越中宮《えっちゅうのみや》などである。

・富山市や高岡《たかおか》市など市街地については、公園や寺社などの名勝に加えて、富山市の富岩《ふがん》運河や高岡市の銅器・漆器など、産業都市であることを印象づける記述がふえた。

・黒部《くろべ》峡谷、立山《たてやま》、庄《しょう》川峡などの紹介が詳しくなり、猿飛《さるとび》峡・十字《じゅうじ》峡・神仙《しんせん》峡などが取りあげられている。これらは現在でもガイドブックやポスターでよくみかける観光資源である。豊かな自然や景観を観光資源としてアピールする傾向は当時から引継がれているといえる。
・鉄道路線の変化にともなって人の往来が変化したため、黒部市生地《いくじ》の松露《しょうろ》狩《がり》や小矢部《おやべ》宮島《みやじま》村の滝、高岡市中田《なかた》など、郊外の観光資源については記述が減少した。
・昭和三年(一九二八)版までは掲載されていた歴史的な観光資源、たとえば婦負《ねい》郡八尾《やつお》の曳山《ひきやま》、射《い》水《みず》郡の気多《けた》神社や蓮王寺《れんのうじ》、氷見《ひみ》郡の阿尾《あお》城址、東砺波《ひがしとなみ》郡の千光寺《せんこうじ》などが、同一一年版では削除された。結果、一一年版で紹介されている観光資源は、現在もよく名前を聞くものが多い。
・学校や各種試験場が、産業発展の礎として数多く取りあげられており、旧制富山高等学校への馬《ば》場《ば》家の寄付についても紹介されている。
・特産品の紹介については、前述の広貫堂以外は企業名が削除され、「氷見鰤《ぶり》」や「平海老《ひらたえび》」が「海産物」となるなど、簡略化がめだつ。このような風潮は氷見産の鰤がブランドとしてPRされている現在とは大きく異なっており、当時、観光資源として農林水産業に着目する動きは乏しかったと考えられる。

絵葉書の変遷

富山県氷見市幸《さいわい》町に住み、地方史に造詣の深かった向島秀一《むこうじましゅういち》が収集した絵葉書が『向島文庫』として氷見市立博物館に所蔵されている。

この『向島文庫』のうちの富山県に関連する絵葉書に加え、富山県立図書館所蔵の絵葉書や、県内の絵葉書コレクターの所蔵品を調査した。絵葉書は、行事を記念したものを除くと、発行年の特定が難しい。しかし、住所・宛名面の様式の違いや実際に使用された際の切手や消印などで、大まかな年代を推定することができる。それをふまえて、発行された年代による絵葉書の違いを比較したところ、題材となっている観光資源や紹介の仕方に違いがみられることがわかった。

①戦前(明治〜昭和初期)　この時期の絵葉書は二つのタイプに大別される。

一つは、書店や旅館組合などが利潤を目的として発行し、土産物として販売されたものである。紙質や印刷技術は低いが、写真を着色したり、写真の周りに額縁風の装飾をほどこしたり、型枠のなかに写真を配置することで複数の観光資源を紹介したりと、さまざまな工夫がみられる。

もう一つは、県や市町村など公的機関が発行したもので、博覧会や天皇行幸など、なんらかの行事を記念したものが多い。それらのものは、県や市町村の繁栄を示すためか、カラー印刷であったり、エンボス加工がほどこされていたりと凝ったデザインになっている。また、数は少ないが公的な機関が行事とは関係なく観光案内のために発行した絵葉書もある。この場合、何枚かが説明書つきのセットになっていてケースに入っており、観光案内の冊子に近い。

・「新鐘釣温泉《しんかねつり》全景」(明治四〇〜大正七年)

工事中の全景写真に「観客満々して客舎不足を呈す将に数舎増築中なり」とキャプションがあり、

温泉の人気がうかがえる。

・「黒部峡谷交通系統概念図」（大正七～昭和八年）

宇奈月《うなづき》温泉の鉄道路線図に、温泉全景写真と「山紫水明の別天地」「交通至便」「春の鶯　初夏の新緑　秋の紅葉　冬のスキー」という宣伝文句がそえられている。

・「富山美人（越中ことば）」（大正七～昭和八年）

ご当地美人の絵柄は当時人気があった。ご当地美人と富山の方言を紹介している。

・「名勝絵葉書　氷見の風物」（昭和八～二〇年）

布施湖《ふせのみずうみ》と鬼蓮《おにばす》の写真に、「大伴家持《おおとものやかもち》卿の圓山《まるやま》をかたえに望み」と記し、『万葉集』との関連を示

黒部峡谷交通概念図
（氷見市立博物館向島文庫）

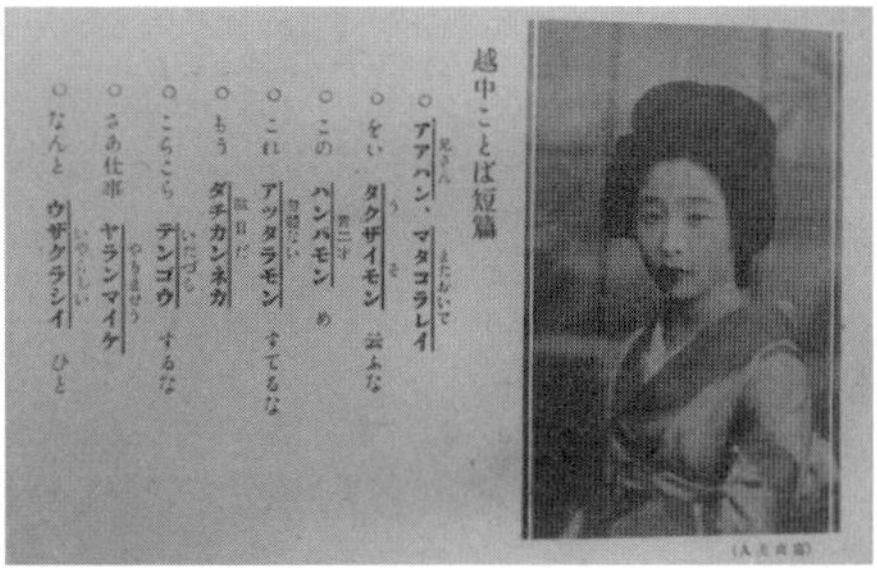

富山美人（越中ことば）（氷見市立博物館向島文庫）

している。

・「国立公園黒部峡谷」（昭和八〜一〇年）
八枚組のうちの一枚。阿曾原《あぞはら》の滝の写真に西瓜ともみじの挿絵をそえている。残りの七枚のなかには、トロッコの挿絵に「黒部名物西瓜に岩魚秋のもみじに峰の月」と謡の歌詞が書かれているものもあり、写真掲載の絵葉書とあわせてみると楽しい。また、当時から西瓜が黒部名物として扱われていたことがわかる。

・「越中伏木《ふしき》港　皇太子殿下野立所《のだちしょ》」（〜昭和一〇年）
皇室ゆかりの場所が絵葉書でも紹介されていた。

国立公園黒部峡谷
（氷見市立博物館向島文庫）

高岡開市三百年記念（個人蔵）

・「越中五箇山《ごかやま》　祖山籠《そやまかご》の渡し」（〜昭和二〇年）

籠の渡しに乗っている人の写真が載っている。五箇山下梨《しもなし》の宮《みや》商店が発行しており、土産物屋が営利目的で発行した絵葉書の例といえる。

・「高岡開市三百年記念」（大正二年）

往来を行き交う人びとの絵柄のなかに、高岡市街の写真が配置されている。背景には、二上山《ふたがみやま》とおぼしき山と、煙をあげる工場群が描かれており、産業都市としてのアピールが感じられる。

・「富山県主要生産品」（大正七〜昭和八年）

エンボス加工がほどこされた鳳凰や橘の絵柄を背景に、型枠で立山の写真を入れ、主要生産品として越中米・売薬・織物・銅器・漆器・木工・藁工品・籐表《とうおもて》を紹介している。宛名面に「博」の文字があることから、なんらかの博覧会を記念した絵葉書だと考えられる。

・「風光の氷見」（昭和八〜一〇年）

ケース入り三枚組で、ケースの挿絵は海に浮かぶ唐島《からしま》（または虻ヶ島《あぶがしま》か）である。絵葉書は、一つは氷見市街地の地図に二つの型枠を配置し、それぞれの型枠のなかに氷見漁港と朝日山《あさひやま》公園の写真を入れている。あとの二枚は、海とカモメの絵柄を背景に型枠で唐島と氷見鰤の写真を入れたものと、立山連峰と日本海の絵柄を背景に氷見市街と上日寺《じょうにちじ》の大イチョウの写真を入れたものである。

・「伏木港案内」（昭和八〜一〇年）

地図がそのまま図案化されており、絵葉書がそのまま観光案内図になっている。なお、伏木港については大正七〜昭和八年(一九一八〜三三)にかけても「伏木港並小矢部川沿岸図」と題した同様の絵葉書が発行されていることや、前項で述べた観光案内冊子にも伏木港が紹介されていることとあわせて考えると、伏木港が産業の礎として重要視されていたことがうかがえる。

・「富山県勢の近状」(昭和一〇年)

富山県総務部統計調査課が発行。ダム・生糸・紡績・米俵・機械・銅器・木工・薬が図案化され、宛名面には主要物産・生産額・農家戸数などの統計が記載されている。

・「祝　富山市主催日満産業大博覧会」(昭和一一年)

広貫堂が日満産業大博覧会に出品の際、記念品として発行したものである。二枚の絵葉書に、反《はん》

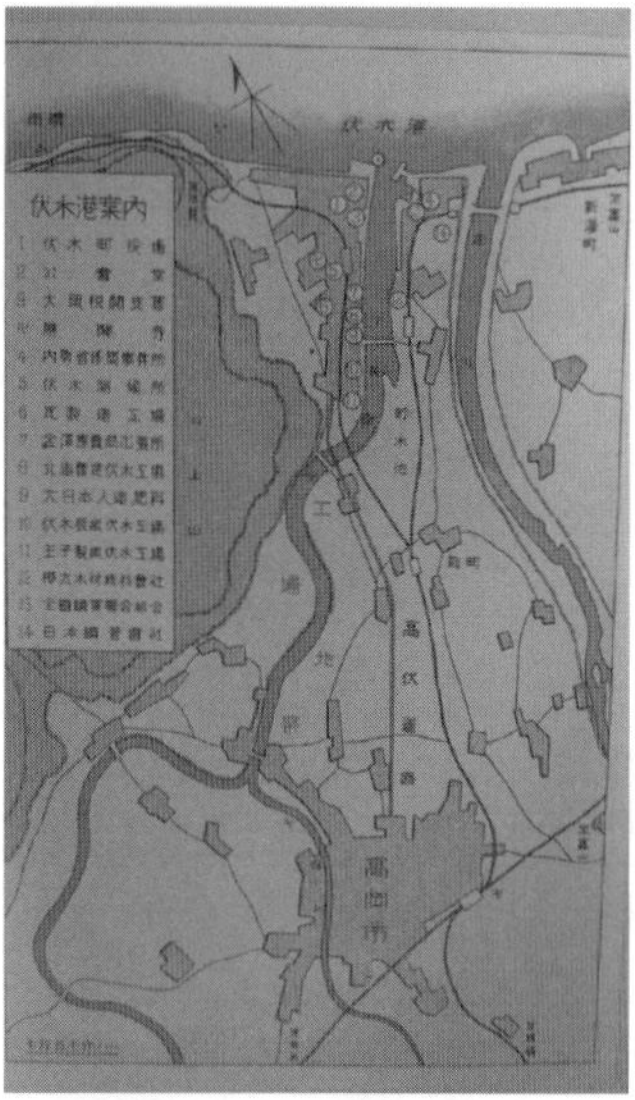

伏木港案内(氷見市立博物館向島文庫)

富山県勢の近状
(氷見市立博物館向島文庫)

魂丹《ごんたん》など主要商品の説明や沿革などを記した冊子がそえられていた。包装工場と試験室の写真が載っており、産業が観光資源として扱われている例といえる。残りの一枚には大正天皇の玉座の写真が載っていた。

・「日満産業大博覧会　郷土館絵葉書」（昭和一一年）

富山県の郷土史の名場面が日満博の郷土館でパノラマ展示され、その写真葉書が郷土館の出口で販売されていた。そのうちの一枚である。富山市教育会により八種類の絵葉書が発行されており、ほかに採りあげられた場面は立山開山・雪のザラ越え・倶利伽羅《くりから》の火牛《かぎゅう》・殿中反魂丹献上・大伴家持・明治天皇巡幸（二場面）・神通舟橋《ふなはし》鉄鎖切断である。

②戦後　民間の業者が利潤目的で発行するものは減少したが、県や市町村が町おこしと連動して発行したり、郵政省が官製葉書として発行したりするものがふえた。また、郷土愛のあらわれとして、地元の写真店主や画家などが郷土の風物を題材に自主制作した絵葉書もみられるようになった。

販売される場所は戦前と同じく、土産物屋やイベント会場などであり、絵葉書のケースに宛名を書き切手を貼ればそのまま送れるタイプのものもふえた。

祝 富山市主催日満産業大博覧会
（氷見市立博物館向島文庫）

日満産業大博覧会 郷土館絵葉書
（個人蔵）

あざやかなカラー写真の登場により、絵葉書をみた人がそこに足を運びたくなる効果も期待できたが、実際には訪れた人が記念に購入することが多かったようで、絵葉書が観光客の入込数増加にどれだけ貢献したかについては不明である。

・「富山城絵はがき」(昭和二〇年～)

富山売薬の祖である二代富山藩主前田正甫《まえだまさとし》の銅像や、彼の手による反魂丹の扁額などの写真が載っている。

・「越中名所図絵」(昭和二〇年～)

雄山《おやま》神社が土産物として四枚セットで発行。いずれも通信面の半分に県の風物の挿絵が載っている。写真のものは法橋《ほっきょう》関月《かんげつ》が描いた寛政《かんせい》一一年(一七九九)刊の「日本山海名産図会」の「越中神通川之鱒《ます》」が挿絵になっている。他の三枚は、同じく「日本山海名産図絵」から「越中滑川《なめりかわ》之大蛸《おおだこ》」を採ったもの、谷文晁《たにぶんちょう》が文化元年(一八〇四)に描いた「日本名産図絵」から立山を採ったもの、あらたに立山雷鳥を描いたものの三種類である。

・「まちのかお富山」(平成二年〈一九九〇〉)

各市町村が海外の建築家と共同で、まちのシンボルを創造す

富山城絵はがき(氷見市立博物館向島文庫)

越中名所図絵(氷見市立博物館向島文庫)

まちのかお富山
(氷見市立博物館向島文庫)

るプロジェクト「まちのかおづくり事業」で整備された一三件の建築物の写真が、一三枚一組の絵葉書として発行された。葉書のケースには「所在地や概要も記載し、ドライブマップとしてもお使いいただけるように」と書かれており、観光案内として利用できるように企図されていることがわかる。写真は新湊《しんみなと》市(現射水市)の内川《うちかわ》にかかる東橋《あずまばし》で、全国的にも珍しい、屋根のついた木の橋である。その他の「まちのかおプロジェクト」の建築物には、黒部市の風の塔、滑川市のほたるいか展望台、井波《いなみ》町(現南砺《なんと》市)の井波彫刻総合会館などがある。

メディアの今後

調査をはじめて以来、県内の観光地に足を運ぶことがふえた。訪れた場所はいずれも、観光案内や絵葉書では伝わらない魅力があり、それらの観光資源について無関心であったことをもったいなく感じた。

現在では、このような印刷物での観光案内に加え、テレビの映像やインターネット上のホームページ、さらにフェイスブックなどのSNSでも観光資源のPRをすることができるようになった。ネットという双方向からのメディアでは、観光にいった人が感想を書込むことで、観光案内の効果がより高まると期待される。そういう意味では、印刷物による観光案内の効果は薄れつつあるかもしれないが、利用が簡便で保存しやすいという特性から、これからも観光地では活用され続けるものと考えられる。

（武野有希子）

四　立山に惹かれた人びと

江戸時代の立山

江戸時代、富士山《ふじさん》・白山《はくさん》とともに三霊場の一つとされた立山《たてやま》は、地獄・極楽の世界を生きながらに体験できる山として全国的に知られ、越中《えっちゅう》国内はもとより各地から多くの参詣人を集めた。安政《あんせい》五年（一八五八）の記録には「夏ニ至リ候而者、六七月之内平年ハ自他国ヨリ之参詣人六七千人茂有之」とある（「立山芦峅寺一山会文書《あしくらじいっさんかいもんじょ》」）。

江戸時代を通じて修験者《しゅげんじゃ》や行者《ぎょうじゃ》、僧侶の立山登拝はたえることなく行われたが、江戸後期になると武士や文人・学者のほか庶民の登拝も増加した。それにともない多くの参詣記録が記されるようになり、その一つ、加賀《かが》藩士で儒学者《じゅがくしゃ》である金子盤蝸《かねこばんか》の『立山遊記《ゆうき》』によれば、天保《てんぽう》一五年（一八四四）六月二五日の明け六ツ（午前六時ごろ）に芦峅寺を出発し、七ツ過ぎ（午後四時ごろ）に室堂《むろどう》に到着し、そこで一泊、翌日浄土山《じょうどさん》→懺悔坂《ざんげざか》→一ノ越《いちのこし》~五ノ越→雄山《おやま》絶頂→大汝《おおなんじ》→別山《べっさん》→玉殿窟《たまどののいわや》をめぐり、下山している。これが当時の一般的な所要時間・ルートであったろう。

当時、立山登拝者が持参した木版刷りの立山案内図をみると、立山登拝路(禅定道《ぜんじょうどう》)のほか、材木坂《ざいもくざか》・禿杉《かむろすぎ》・鏡石《かがみいし》・地獄谷《じごくだに》など道中の名所がふんだんに描かれており、江戸後期の立山登拝には物見遊山的な性格が強くなっていた事情がうかがえる。また、立山登拝にいたらないまでも越中に来遊した文人らのなかには立山連峰の雄大な景観そのものを絶讃し、京都の開業医 橘 南谿《たちばななんけい》のように「山の姿峨々として嶮岨画の如くなるは、越中立山の剣峯に勝れるものなし。……その外にも峯々甚だ多く連なり。波濤のごとく連り、皆立山なり」(「名山論」『東遊記《とう》』)と記して、立山への憧憬を広汎な人びとにいだかせた者もいた。人びとが立山に惹きつけられる理由には多義・多様性があったのである。

明治期の立山

明治維新期に立山に登拝した人びとは年間六〇〇〇人ほどであり、神仏分離《しんぶつぶんり》政策の進展によっても極端に減少したわけではないことが最近の研究によって明らかになった。登拝者の内訳は、越中国内出身者を中心として旧加賀藩領内である加越能《かえつのう》地域が八割程度を占め、明治の時代になっても加越能地域の住民による基層的な山岳信仰に基づく立山登拝は、江戸時代より継続していたのが実態である。

一方、江戸時代からの流れをくむ、学者・文人による登拝も継続していた。その一人が旧富山藩士の小杉復堂《こすぎふくどう》である。復堂は明治一一年(一八七八)に多枝原《だしはら》温泉(立山温泉)を出発して、弥陀ヶ原《みだがはら》に出、二ノ谷・一ノ谷・獅子鼻《ししがばな》・鏡石《かがみいし》の道をたどり、地獄谷を一巡して室堂に泊り、翌日浄土山・雄山に登頂した。復堂は同一〇年代から二〇年代にかけて、立山・白山・富士山の三山のほか乗鞍岳《のりくらだけ》・御嶽《おんたけ》などの高峰をつぎつぎと踏破している。高瀬重雄《たかせしげお》は復堂の登頂を「伝統的な信仰登山の域を脱して、近代的な登山の幕あけを告げる」(『立山信仰の歴史と文化』名著出版、昭和五六年)と評価した。

山岳調査・観測のために立山に登る動きもあいつぎ、立山の科学的解明が進んだ。東大教授山崎直方《やまさきなおまさ》は明治三七年(一九〇四)に薬師岳《やくしだけ》や立山東面などでカール地形を発見し、雄山北西山腹にみられる幅約四〇〇メートル、長さ約六〇〇メートルの圏谷を「山崎カール」(国の天然記念物)と呼ぶようになった。同四〇年には陸軍陸地測量部の柴崎芳太郎《しばさきよしたろう》一行が、これまで「人間登るべからず、人間登ること叶わず」とされ、人をよせつけなかった剱岳《つるぎだけ》登頂に成功して、三等三角点を建設した。それから二年後の明治四二年には河合良成《かわいよしなり》・吉田孫四郎《よしだまごしろう》・野村義重《のむらよししげ》が福光《ふくみつ》出身の画家石崎光瑤《いしざきこうよう》とともに宇治長治郎《うじちょうじろう》を案内人として剱岳登頂に成功しているが、これは信仰理由や国家目的によらない登山家による剱岳初登頂であった。

明治五年に女人《にょにん》の出入りを禁止する結界《けっかい》を撤廃する太政官布告《だじょうかんふこく》が出され、女人禁制の霊場であった立山に女性も登れるようになった。それまでは立山山麓では芦峅寺、薬師岳では真川《まかわ》に結界があった。同六年には立山温泉の経営者の妻である深見《ふかみ》チエが立山登山を果たしたとされるが、女人禁制の慣習は根強く、同四〇年代まで爆発的増加はみられなかった。

外国人たちの視線

明治一〇年前後から、明治政府に招かれたお雇い外国人やイギリス人外交官による登山活動が中部山岳地帯でもみられるようになった。大阪造幣寮に技師として招かれたガウランド(英)は、同六年に御嶽山、同八年に立山、同一〇年には乗鞍岳、槍ヶ岳《やりがたけ》など中部山岳地域の山々に登頂し、「日本アルプス」の語をはじめて用いた。同一一年、イギリス領事館のアーネスト＝サトウ(英)は信州側から針《はり》ノ木《き》峠を越え、さらにヌクイ峠・ザラ峠を越えて立山温泉、松尾坂《まつおざか》・弥陀ヶ原・室堂と踏破した。翌年には開成学校の応用化学の教師アトキンソン(英)が立山―針ノ木峠を踏破している。サトウらが中心になって明治一四年(一八八一)に横浜で出版した『中部・北部日本旅行案内』(第三版から東大教授チェンバレン〈英〉らの編著で『日本旅行案内』)には彼らの旅行や登山記録が載り、そのなかで立山も詳しく紹介され、在日外国人のみならず日本人にも立山の魅力を伝えた。

明治二〇年代以降にはローエル(米)とウェストン(英)の立山行があった。のちに天文学の研究者となるローエルは、同二二年、能登《のと》半島の調査の帰り、富山から芦峅寺をへて、立山温泉まで達した。日本近代登山の父として知られるウェストンは、同二六年、サトウとほぼ同じコースで立山をめざし、登頂を果たした。ウェストンはチェンバレンらの『日本旅行案内』第四版から山岳情報を提供し、その登山ガイドは飛躍的に充実した。ウェストンの来日は三回におよび、大正三年(一九一四)には二回目の立山登頂を果たしている。その際の記録で立山の眺望景観をつぎのように絶讃している。

「キャンプ(室堂…注引用者)からの眺めは、たいへん変化に富んでいておもしろい。正面。すなわち、西の方には、立山の斜面が広い富山平野に落ち込み、果ては大きな富山湾の青い水に続いている。一方、他のすべての方角には、巨大な山稜の岩壁が取り囲むようにそびえている。その数多くのピークが雪と岩のさまざまな登攀《とうはん》を待っているのである。その主なものは、多くの巡拝者たちの目的地である雄山と、その隣にあって、はるかに登攀困難な劔岳との登攀である」「そこから(雄山山頂…引用者)の展望はたいへん素晴らしく、たぶん他では見られない壮麗な眺めである。北の方には、日本海とその美しい海岸線が広がり、他の三方には、ピークと山稜とが海原のように一面に波打って、はるか遠く富士山や太平洋岸まで広がっていて、うまくバランスがとれている」(ウォルター＝ウェストン『日本アルプス再訪』水野勉訳、平凡社ライブラリー、一九九六年版)。

ウェストンらの記した登山術や登山案内は日本の青年たちをおおいに刺激し、登山意欲をかきたてた。その一人、志賀重昂《しがしげたか》は日本の風景美の土台に山岳を置いた『日本風景論』(明治二七年初版)を著わし、「登山の氣風を興作すべし」と登山を奨励し、いっそう青年たちを刺激した。志賀は立山について、「真成なる自然の大は実に立山絶頂より四望する所にあり」「自然の大を収悟せんと欲せば、此山(立山…引用者)に登臨すべし」と記している。近代登山は、信仰のためでも生業や職務のためでもなく、遊びあるいはスポーツとして山に登り、それを楽しみ、価値を見出す活動のことであるが、登山史の通説ではウェストンとこの志賀を日本近代登山興隆の祖とする。

立山・黒部の魅力を伝えた人びと

明治維新期を過ぎると、日本人の手になる立山紀行や案内書がつぎつぎと著わされた。久保天随《くぼてんずい》「立山登躋録《たてやまとうせいろく》」(『七寸鞋《しちすんわらじ》』明治三三年刊行)・大町桂月《おおまちけいげつ》「立山の三夜」(『一蓑一笠《いっさいいちりゅう》』明治三四年刊行)・浅地《あさじ》倫《りん》『立山権現《ごんげん》』(明治三六年刊行)・大平晟《おおだいらあきら》「越中立山の偉観」(『山岳』二年二号、明治四〇年刊行)・志《し》村烏嶺《むらうれい》「越中立山」(『やま』明治四〇年刊行)・大井冷光《おおいれいこう》『立山案内』(明治四一年刊行)などが代表的なものである。

大正期から昭和にかけてはさらに出版があいつぎ、魚津《うおづ》中学校の教員で富山県史跡名勝天然記念物調査員もつとめ、また日本山岳会会員として活躍した富山県登山界の草分け的な存在である吉沢庄《よしざわしょう》作《さく》の『立山遊覧』『黒部遊覧』が大正一一年(一九二二)に刊行されている。昭和四年(一九二九)から六年にかけて冠松次郎《かんむりまつじろう》が『立山群峯《ぐんぽう》』『剱岳』『黒部』『黒部谿谷《けいこく》』『後《うしろ》立山連峯』を刊行し、黒部などの渓谷の魅力を人びとに伝えた。

写真集やスケッチで立山の魅力を伝えることも行われ、写真集では冠松次郎の『日本アルプス大観』(昭和六年)・『雲表を行く』(昭和一七年)、画文集では黒田正夫《くろだまさお》・初子《はつこ》夫妻の『山之素描』(昭和六年)、吉江喬松《よしえたかまつ》文・武井真澄《たけいますみ》画の『山岳美観』(昭和一〇年)、足立源一郎《あだちげんいちろう》の『山に描く』(昭和一四年)、加藤泰《かとうたい》三《ぞう》の『霧の山稜』(昭和一六年)などが発表された。

大正中期以降には、映画の普及に連れて、映像で立山を紹介する試みもみられた。名古屋出身の伊《い》藤孝一《とうこういち》は大正一二年、一三年(一九二三、二四)の二シーズンにわたる立山・黒部領域での日本初の本格的な雪山映画を撮影し、「雪の立山、針ノ木越え」と「雪の薬師、槍《やり》越え」の名でフィルムを残した。また横浜出身の岩永信雄《いわながのぶお》は大正後期から昭和初期にかけて立山登山や黒部峡谷探検を行い、黒部峡谷では冠松次郎や別宮貞俊《べっくさだとし》らと跋渉《ばっしょう》し、下廊下《しものろうか》の核心部を完全遡行し、剱沢大滝《つるぎさわおおたき》最下段の初到達などを成し遂げた。冠はガラス乾板による大型スチール写真、別宮は一六ミリムービー、岩永はハンドカメラによる記録写真で、それぞれの黒部を写し込んだ。

（城岡朋洋）

五　観光啓発につくしたジャーナリスト

観光という言葉が広まっていなかった明治期に、富山県の代表的な観光地である黒部《くろべ》峡谷と立山《たてやま》を世に知らしめたジャーナリストがいる。それは井上江花《いのうえこうか》と大井冷光《おおいれいこう》、そして昭和一〇年（一九三五）故郷富山県に帰って郷土雑誌『高志人《こしびと》』を発行した翁久允《おきなきゅういん》である。この三人の観光との関わりについて述べる。

探究心旺盛であった井上江花

井上江花は明治四年（一八七一）三月二〇日、加賀《かが》藩士井上忠敬《ただたか》の長男として金沢で生まれ、忠雄《ただお》と名づけられた。同二四年上京してロシア正教会東京神学院《しんがくいん》に入学し、洗礼を受けた。翌年、伝道学校に転じ、同二七年に卒業。愛媛県松山市で布教につとめた。同二九年赤痢に罹《かか》り、看護をしてくれた西原操《にしはらみさお》をともなって金沢への帰路、大阪で結婚した。同三〇年北國《ほっこく》新聞社の臨時記者となった。同三二年『富山日報』主筆権藤震二《ごんどうしんじ》の求めに応じて「よろづや主人」の筆名で短編小説を発表した。同三三年一月高岡《たかおか》新報社に入社し、富山支局勤務となった。このころ富山市周辺を探検しており、いつしか北陸探検団と称するようになった。探検団はいつ結成されたかはっきりしない。ただ、明治三四年（一九〇一）、操夫人の日記に「神通《じんづう》川上手に遊ぶ」とか、「書生五〜六人来訪し神通川中島に遊ぶ」とあったり、同三五年の江花の日記に「御廟《ごびょう》山の怪事件探偵着手成功す」とあるのは、北陸探検団の萌芽であろうか。また同三八年十月江花は探検団の絵葉書をつくっているし、大井信勝《のぶかつ》（大井冷光）と五艘三郎《ごそうさぶろう》は会報の校正を行っている。彼らはそのうち山岳探検にも関心をよせるようになった。

江花が黒部峡谷を探検したのは二回であるが、一回目は同四二年七月のことであった。八日富山を出発。魚津《うおづ》で降車し舟見《ふなみ》（現入善町《にゅうぜんまち》）の大阪大林区《だいりんく》舟見小林区署《しょうりんくしょ》をたずねた。嶋田徳信《しまだとくのぶ》署長とは、かつて四国方面の視察の際、車中で会ったことがあり、黒部のことに話がおよび、一度たずねてくるように誘われていたからである。この晩、署長宅で泊り、黒部の厳しさを聞く。

井上江花著『越中の秘密境黒部山探検』表紙

黒部探検時の井上江花

当時の黒部は嶮峻《けんしゅん》で毎年のように官吏や作業員が犠牲になっていた。江花は舟見を拠点に九日から一六日までの行程で、当時は前人未到の黒部峡谷を探検したのであった。

愛本《あいもと》橋から音沢《おとざわ》・内山《うちやま》・桃原《ももはら》をへて黒薙《くろなぎ》温泉に一泊。鐘釣《かねつり》温泉・祖母《ば ば》谷《だに》温泉・大黒《だいこく》鉱山などをたずね、一六日舟見小林区署に帰り着いた。この間、民間人として初めて黒部に入ったので、途中の行程は危険をともなうものであったこと、同行者になにかと助力を得たこと、風景のすばらしいことなどを詳細に記している。毎日の行動を『高岡新報』に連載し、明治四三年(一九一〇)七月に『越中《えっちゅう》の秘密境黒部山探検』として発行された。探検から帰ってくると舟見で歓迎会が開かれ、発起人の嶋田署長の挨拶があり、江花は本書の巻頭に記してあるような「黒部の如く風景に富み、温泉に富み、また、鉱物に富みながら、真相世に知られず、利源人に開かれざる秘境は、多く例を見ることあたわず……将来の黒部は、其の所有する富に依り、必ず一大開発を為すべきことを」という趣旨の礼を述べている。また、舟見郵便局の酒井《さかい》局長は「全国でも有数の黒部の利源、風景はまた広く世に知られず埋設されているのは遺憾にたえない。井上君の筆で天下に紹介されれば黒部の真価は明らかになり、山の発展は期して待つべきことと思う」とお祝いの言葉を述べている。

なお、江花は明治四四年にも黒部に入っている。「いろいろな岩石は我々の精神を慰め、身体を養う聖地といい、森林美は詩想を養うにも画材を採るにも、はた精神を修練するには、黒部国有林に優る学校は無いといい、医治の効能にも卓越し、自然の恩恵をどこまで厚いか測り知れない」ともいっている。一回目は、見聞したこと、体験したことを詳細に記しているが、二回目は文章を練って、黒部の魅力を簡潔に記している。

黒部探検より先の明治三七年(一九〇四)、県内の郷土研究の貧困さを慨嘆し、中越《ちゅうえつ》史談会を組織している。そして清明堂《せいめいどう》の依頼によって『越中史料』を編んでいる。これとは別に富山県が同四二年に『越中史料』を編んでいるが、江花は編纂評議員として参画している。また、『高岡新報』紙上に数々の記事を連載した。これらは江花叢書として江花会から発行された。完結をみることなく昭和二年(一九二七)に享年五六で亡くなるが、会の努力によって、続刊された。これらの著作すべてではないが、庄《しょう》川・神通川・黒部川の風景や各川の景観、交通、立山開発、温泉の話などについて述べている。富山県の観光開発に先駆的な提言をしていたといえよう。

ふるさとを愛した口演童話家大井冷光

明治一八年一一月七日、上新川《かみにいかわ》郡常願寺《じょうがんじ》村の大井家に男の子が生まれ、信勝と名づけられた。父は生まれる前に亡くなっていたという。母は小学校の教員をしていたが、信勝一〇歳のときに亡くなった。幼くして両親を失い、西番《にしのばん》の伯父に育てられた。大田《おおた》小学校を卒業し、同三三年富山県農学校(現富山県立南砺福野《なんとふくの》高等学校)に入学し、農村指導者をめざした。同三六年に卒業すると早稲田《わせだ》大学の予科に進学した。このころ伯父が米相場に手を出して失敗し、大井家の財産を売払い、信勝は苦渋の生活を強いられた。予科を退学した信勝に救いの手を差しのべたのは井上江花であった。江花の世話で富山県米穀検査所に助手として勤めた。同三八年五月一六日、江花と大井は初めて会い、以後、二人は師弟の交わりを結んだのである。一年志願兵として金沢第九師団に入隊したこともあるが、除隊後の同三九年(一九〇六)、江花の世話で高岡新報社に入社した。同四〇年の日記は『冷光日記』となっているので、このころから冷光の号を使うようになったのであろう。この年六月には富山日報社の匹田鋭吉《ひきたえいきち》主筆に同社に移るよう誘われた。

明治四〇年の夏、高岡新報社主催の立山登山が行われ、冷光も参加した。はじめての立山登山であったが、幼いころに母から寝物語に聞かされていた立山に登ることができ、おおいに感激したと思われる。そして立山に対する関心をつのらせ、立山を観察・研究しようと立山に関する資料を収集した。まだ図書館が設置されていないころであるが、精力的に資料の収集につとめた。集めた資料を参考にしながら同四一年『立山案内』を編んだ。編著としているのは、橘《たちばな》南谿《なんけい》の「名山論」や野崎雅明《のざきまさあき》、廣瀬謙《ひろせけん》次郎《じろう》、大平晟《おおだいらあきら》ら、先人の研究を引用しているからである。本文一一二ページ、序文・目次・巻頭写真などあわせて一三〇ページぐらいの小冊子であるが、立山の歴史的な記述や詩歌・地質・噴火・植物など人文系、自然系の記述からなる立山のあらゆる面にわたる研究を集成したもので、立山の総合案内書として最初のものといってよい著述である。この年、周囲の了解をえて富山日報社に移った。

立山に魅せられた冷光は、江花らが黒部探検から帰ってまもない明治四二年(一九〇九)七月二五日から八月二二日まで二九日間、立山室堂《むろどう》に滞在し、山の情報を「富山日報」に「天の一方より」として連載した。この記事は平成九年、大村歌子《おおむらうたこ》編『天の一方より』と題して発行された。同書は、室堂の宿でのようすや室堂を拠点に立山跋渉《ばっしょう》のようすを伝えている。この年イギリス大使館に赴任してきたアー

大井冷光著『立山案内』表紙

ル＝エ＝レデーに会い、彼が日本語に堪能なのでいろいろ話しあったことも記されている。また、河《かわ》東碧梧桐《ひがしへきごどう》がたずねてきたこと、そして「雪を渡りて又薫風の草花踏む」の俳句を詠んだことが記されている。女性登山者のことも何回か記しているが、碧梧桐に会った日に、女性の巡礼登山者が山に登ると荒れるという者がいて、帰っていったことを後で聞いて、こういうばか者が未だにいるといって慨嘆している。石崎光瑤《いしざきこうよう》画伯と巌見物に出かけたことや、洋画家の吉田博《よしだひろし》が立山を写生するのにしばらく滞在することも記している。なお、石崎光瑤や塩崎逸陵《しおざきいつりょう》の挿絵がそえてある。

このほか郷土に題材をとった作品をつぎつぎに発行している。すなわち、『越中お伽噺《とぎばなし》』として「走影の池・更々越え・長者屋敷」を収録した第一編を明治四二年（一九〇九）に発行。同年「佐伯有頼《さえきありより》・コロリン爺」を収録した『越中お伽噺』第二編を発行。大正四年（一九一五）には『立山昔話』を著わし、かぎりなく故郷富山のすばらしさを広く知らしめようとした。また、立山を開いた佐伯有頼像を建立しようと奔走したこともあった。

明治四四年、久留島武彦《くるしまたけひこ》を頼って上京し、久留島経営の早《さ》蕨《わらび》幼稚園につとめた。大正元年（一九一二）には安倍季雄《あべすえお》主宰の『少年』という雑誌の記者となり、数々の作品を発表している。これらの作品には立山健夫《たてやまたけお》の筆名で書いたものもある。ふるさとを愛するがゆえの筆名であるといえよう。

移民文学の先駆者翁久允

翁久允は、明治二一年（一八八八）二月八日、中《なか》新川郡東谷《ひがしたに》村大字六郎谷《ろくろうだに》で生まれた。同三五年富山県第一中学校（現富山高等学校）に入学したが、四年次にいわゆる糞撒き事件を起こして放校処分となった。同四〇年単身渡米してシアトルに上陸。ここでは困窮生活を余儀なくされた。そのような生活をしながらも、日系の『旭新聞』に処女小説を発表し、文学活動をはじめた。在米中、島田清次郎《しまだせいじろう》・田村俊子《たむらとしこ》・小島烏水《こじまうすい》らと出会った。大正一三年（一九二四）帰国し、朝日新聞社に入社。同一五年『週刊朝日』の編集に携わり、アメリカ時代の経験をいかし、手腕を発揮。多くの文壇人と交わった。そのかたわら、小説・評論などを精力的に発表した。昭和六年（一九三一）、竹久夢二《たけひさゆめじ》とともに世界漫遊旅行に出発しているが、意見があわず袂を分かっている。

大正一〇年、翁は健康をそこね、妻の兄が住む岐阜県高山《たかやま》市に出かけて静養につとめた。ここで郷土の文化誌を発行する構想を温めた。東京に帰った翁は柳田国男《やなぎたくにお》に会ったとき、雑誌発行のことを話した。柳田は片口江東《かたぐちこうとう》を紹介した。片口に会った翁は、『高志人』発行の趣旨を説明した。片口は快く賛意を表明し、県内の知名士を紹介してくれた。趣意書を多数送付し、かなりの賛同をえた。こうして同一一年九月『高志人』創刊号を発行した。翁の雑誌発行の構想は、「一、史前の研究、二、古代史の研究、三、神社仏閣の調査、四、各地の口承伝説、五、各方面の人物、六、風俗・習慣・方言、七、美術・工芸・文芸・宗教・医薬などに現われた人物や史実の調査、八、山川自然、九、その他生活文化の研究」を内容とするものであった。

翁が『週刊朝日』の編集に携わり、多くの文人墨客と交流があったので、執筆陣は実に多彩で、数多くの著名人が寄稿している。たとえば郷倉千靭《ごうくらせんじん》・柳田国男・若宮卯之助《わかみやうのすけ》・長谷川伸《はせがわしん》・小寺菊子《こでらきくこ》・徳富蘇峰《とくとみそほう》・白鳥省吾《しらとりしょうご》・志田延義《しだのぶよし》・川田順《かわだじゅん》・吉井勇《よしいいさむ》らである。

各地で座談会を開き、それぞれの地域の歴史・伝承を掘り起こしている。また、県内の年中行事を連載している。『高志人』発行にあたって相談した柳田国男は、「越中と民俗」「野方解《のかたげ》」「有王《ありおう》と俊寛僧都《しゅんかんそうず》」を寄稿している。昭和一三年（一九三八）の一〇月号には「新おわら節歌詞」が載っている。審査員は邦枝完二《くにえだかんじ》・渥美清太郎《あつみせいたろう》・室積徂春《むろづみしょしゅん》・佐藤惣之助《さとうそうのすけ》・翁であった。一行は八月三一日に来富、佐藤種治《たねはる》の案内で呉羽《くれは》山を散策している。邦枝は「宇奈月《うなづき》はよかった。黒部渓谷は更によかった。自然に勝る美はない」と富山の印象をよせている。同一四年（一九三九）七月号にも「おわら節歌詞」が載っている。このときの審査員は川路柳虹《かわじりゅうこう》・横山美智子《よこやまみちこ》・佐藤惣之助・翁であった。同一七年（一九四二）一〇月号の長谷川伸「小原節《おわらぶし》と一本刀土俵入り」は、作品の生まれるエピソードを記したものである。この号に土師清二《はじせいじ》が「風の盆紀行」、森健二《もりけんじ》が「風の盆を見て」を寄稿している。「おわら当選歌詞」も載っている。吉井勇は「北陸歌日記」や「続高志消息」を発表している。川田順も「越中紀行」を連載している。戦時中は県内の雑誌が統合し『高志』となったが、同二二年（一九四七）に佐伯宗義《さえきむねよし》が「日本再建と観光事業」を寄稿している。あまたの著名人が『高志人』に寄稿

『高志人』創刊号表紙

した記事は、富山の印象についてふれており、今日のように観光という言葉が定着していないころに、富山県のことを知らしめるのに大いに役立ったといえよう。

（太田久夫）

六　戦後の博覧会と全国への発信

時代の進展とともに広く深く

富山県における戦後の博覧会または類似の催しは、昭和二六年（一九五一）から平成八年（一九九六）までの四五年間に別表のとおり七回開催された。

昭和二〇年代の「高岡《たかおか》産業博覧会」と「富山産業大博覧会」（後述）は、戦争の影響で大きな被害を受けた県内諸産業や県民生活をいち早く復興させ、さらに発展に資すことを目的とするものであった。県民は戦後の貧しさにたえながら懸命に苦労するなか、博覧会がよい刺激となって再建意欲がいっそう盛上がり、同二九年における工業出荷額は、戦前の水準を越え、生活もしだいに安定してきた。

ついで昭和三二年（一九五七）に高岡で開催された「北陸三県合同原子力平和利用大博覧会」は、原子力平和利用のアピールを行ったもので、広島をはじめとして全国主要都市で展開されたが、推進者のひとり初代原子力委員会委員長であった正力松太郎《しょうりきまつたろう》の地元というゆかりがあっての開催であった。

昭和五八年は、富山県が誕生してから一〇〇年目にあたり、県は記念事業として県の中央部に位置する射水《いみず》丘陵に県民公園太閤山《たいこう》ランドを造成した。そこを舞台として地元の北日本新聞社などが協力をして、「にっぽん新世紀博覧会」が開催された、新世紀を築く若者たちに自信と勇気と誇りをもって未来を切り拓いてもらいたいとの願いが込められていた。バイオテクノロジー・エレクトロニクスの急速な発展による情報・通信・ロボット・医療の各分野の先端技術の富山県が誇る産業を全国に紹介した。また同年には高度技術工業集積のための県内指定地域として「富山テクノポリス」が国の指定を受け、翌年には富山空港がジェット化し、ジェット機が就航するなど科学技術と文化に根差した新世紀への県づくりが動き出した。

平成四年(一九九二)に「第一回ジャパンエキスポ富山'92」(後述)が開催された。この博覧会は、「人間―その内と外」「富山から世界へ、未来へ」をテーマに、新しい時代の人間の生き方や地域のあり方を提唱するもので、通商産業省のジャパンエキスポ制度認定第一号として全国から注目を集めた。これに協力する形で同年に「世界そば博覧会IN利賀《とが》」が利賀村で開催された。小さな村から世界に発信する利賀村に学ぼうと全国から六〇近い自治体が視察に訪れ、「村おこしと観光振興」へのひたむきな努力が高く評価された。平成八年(一九九六)には「第十三回全国都市緑化フェア」が、高岡古城《こじょう》公園と高岡おとぎの森公園をメイン会場に、砺波《となみ》チューリップ公園、富山市中央植物園、県民公園太閤山ランド、県民公園頼成《らんじょう》の森をテーマ会場に、そして県内すべての市町村をサテライト会場として開催された。それぞれの会場は花や緑がもっとも美しい時期を順次につないで展開する全国初のリレー方式で、富山県の四季折々の花と緑りが豊かな県土の姿を全国に発信した。

表2－2　第二次世界大戦後に開催されたおもな博覧会

開催年 開催期間	名　称	開催地 入場者数	内　容	観光との関わり
昭和26(1951)年4月5日より62日間	高岡産業博覧会	高岡市古城公園 62万人	高岡市の産業の発展を中心に，電源の富山の紹介。テレビの登場	高岡市および県西部地域の観光宣伝。集客大
昭和29(1954)年4月11日より64日間	富山産業大博覧会	富山市・魚津市 90万3000人	富山市の復興および県全体として工業県をめざすことをアピール	公会堂，市庁舎，富山城の三大シンボル建築。中心性を確立
昭和32(1957)年6月15日より65日間	原子力平和利用大博覧会	高岡市古城公園 26万人	原子力の平和利用を宣伝。原子力政策にかかわった正力松太郎の地元として開催	北陸三県合同
昭和58(1983)年7月16日より62日間	にっぽん新世紀博覧会	県民公園太閤山ランド 113万6000人	置県100年を記念してつくられた県民公園太閤山ランドで開催	太閤山ランドおよび周辺の開発整備
平成4(1992)年7月1日より89日間	第1回ジャパンエキスポ富山'92	県民公園太閤山ランド 236万5000人	「人間─その内と外」「富山から世界へ，未来へ」「人ってこんなに面白い」をメッセージに	県内全自治体および世界の国々，友好州省の紹介，交流
平成4(1992)年8月7日より52日間	世界そば博覧会ＩＮ利賀	利賀村全域 13万6000人	ネパール・ツクチェ村との国際交流，そば打ち段位認定など，そばをとおしての交流	世界の利賀をアピール
平成8(1996)年4月1日より129日間	第13回全国都市緑化フェア	富山県・高岡市・砺波市 190万人	都市整備をめざす，花と緑の祭典。富山は13回目に開催	富山の花と緑を全国に紹介，全国から集客した

復興、工業立県をアピールした富山産業大博覧会

昭和二〇年(一九四五)八月二日未明、富山市は空前の大空襲で焼け野原となった。加えて大凶作による食糧難という未曽有の混乱のなかで、戦災の翌年、復興と再建がはじまった。同二一年一月一四日、戦災都市復興事業のくい打ちが行われ、街路の建設から住宅の復興へと急速に進められていった。戦災から九年をへて富山市は復興著しく近代産業都市へと変貌し、進めてきた復興都市計画の完成にも目途が立った。また、工場誘致を中心とするさらなる発展への県民・市民の意識がいちだんと高まったのを機に富山産業大博覧会の開催が提案され、富山県と富山市が共催し、魚津《うおづ》市が参加して開催することになった。この博覧会の最大のねらいは、電力を基盤とする一大工業県へ躍進する富山県産業を内外に強くアピールすることにあった。

戦後は電力再編成により県内の電力は関西電力と北陸電力に分割されることになったが、電力県・工業県としての基盤を強固なものにするため盛んに新たな電源開発が進められ、工場誘致がはかられていった。その結果、電力需要は昭和二六年(一九五一)度を基として同三〇年度には一・八倍に伸びて、大口電力消費型の産業が大きく躍進し、京浜・阪神・東海・北九州についで富山県が日本海岸随一の工業地帯を形成することになったが、それは化学工業、金属製造業、電気機器・紡績・製紙業などの出荷額の伸びとなってあらわれた。それぞれ関連産業および中心となった企業の展示館は活気にあふれていたが、なかでも電気関係の展示はとくに人目を引き、電源県富山を印象づけた。

また、この博覧会を機に復興のシンボルとして、富山市庁舎、富山市公会堂、富山城の三建築物が

新築され、その後、長年にわたりそれぞれの機能を発揮することになった。三建築物のなかで富山城は、郷土資料館となり、現在は改修されて富山市郷土博物館となっている。

富山産業大博覧会のポスター

富山産業大博覧会会場風景

強いメッセージを発信、第一回ジャパンエキスポ富山'92

平成四年(一九九二)七月に開催された「第一回ジャパンエキスポ富山'92」は、通商産業省から「ジャパンエキスポ」の第一号の認定を受け、全国ではじめて開催された博覧会であった。この博覧会は、

「人間―その内と外」「富山から世界へ、未来へ」をテーマにして、人間の生き方と地域社会のあるべき姿を富山から世界へ、未来へと発信していこうとする、明確なメッセージをもったものであった。会場は「いのちはめぐり、くらしはすすむ」をコンセプトに命のさまざまな形を生（Ｌｉｆｅ）、愛（Ｌｏｖｅ）、笑（Ｌａｕｇｈ）、光（Ｌｉｇｈｔ）の四つの「Ｌ」をキーワードにしたＪＥＴパビリオンを中心に回遊性のある会場で人やモノとのふれあいのステージを多く設けて環境・健康・未来の街づくりを展示した。このほか、ハイテク産業に欠かせない産業用ロボット、全国の生産量の二割を占めるアルミ産業、全世界にＹＫＫの名称で知られるファスナー、超高圧・超高速・超精密な技術によるウォータージェット、医療・医薬の分野で内外に貢献する医薬品産業など、富山県が誇る最先端の技術を映像や実物で展示し、富山県のイメージを力強く発信した。またミニ万博と位置づけ、「世界の仲間館」「ふるさとの仲間館」で、内外の交流をはかるとともに世界各地の姉妹都市・友好省州など一四カ国の自然・文化・暮しなどを紹介した。まさにこの博覧会に集い・観て・遊ぶ人びとの姿そのものが成果となる博覧会をめざしたといえる。

「みんなで語ろう―富山の昭和史―」の一コマ

この博覧会で注目されたのは、「新しい情報を発信する時にこそ過去の歴史に学ばなければならない」の考え方のもと、「みんなで語ろう―富山の昭和史―」と題し、日替わりトークショーが会期中の六〇日間、合掌づくりの太閤山荘で繰り広げられたことである。この催しは、演出家の指導のもと富山近代史研究会のメンバーが全面的に協力して「語り」を提供した。約六万七〇〇〇人（一日約一〇〇〇人）が入場するという前例のない入場者数で大好評を博した。

観光イメージの発信

以上、どの博覧会においても、富山県の自然と歴史や文化、特産物が数々の冊子や映像で紹介されており、見る人びとの興味をかきたてるものである。県境の朝日《あさひ》町のトンネルを抜けると、すぐ壮大な立山連峰を背景に秋には黄金色の稲穂に彩られた田園風景が続き、春には色鮮やかに彩られた富山特産のチューリップが咲き誇る富山平野が広がっている。都会に住む人びとは一様に富山の米・富山の水は美味しいと評する。「コシヒカリ」に代表される富山米と、清浄な河川水と扇状地の豊かな伏流水による美味しい水は富山の逸品として自信をもって全国に伝えたい。「くすりの富山」は越中《えっちゅう》売薬の歴史とともに全国にその名が知られ、「高岡銅器」は全国有数の伝統産業である。「富山の鱒のすし」も県内四〇余りの専門店に加えて、県内の駅や空港、最近は都会のデパートにも並ぶ特産品である。いずれも江戸時代に発し、現在の製法・技術に磨かれた富山を代表する特産品として全国各地の博覧会や物産展に出品されており、駅弁コンテストでは常に上位に入る特産品である。

一方、観光地立山は国立公園の雄大な景観だけでなく、立山開山伝説や古くから信仰の霊山としての歴史がきざまれ、現在は「立山黒部アルペンルート」として、黒部ダム・黒部峡谷とともに登山客や年間一〇〇万人を超える観光客でにぎわう世界指折りの山岳観光地である。また平家《へいけ》の落人《おちうど》に由来するともされる秘境五箇山《ごかやま》の合掌《がっしょう》集落は、世界文化遺産に指定されている、さらに、民謡の宝庫といわれる富山は、「越中《えっちゅう》おわら節」「麦屋節」「こきりこ節」の伝統の踊りとともに、博覧会や全国の民謡大会で唄い踊られて観覧客を魅了している。

富山県は諸外国と経済や文化の交流を進め、近隣広域圏と連携しつつ活動していることを深く認識し、富山県が誇りうる情報をより大きく発信していくことが重要である。（松井紀夫）

七　映画・アニメのなかの富山

ロケ地としての富山

富山の地が映画のロケ地となったのは、いつのころからか。高沢滋人《たかざわしげと》・久保勲《くぼいさお》『とやま映画一〇〇年』（北日本新聞社、平成一一年）によれば、県内ロケの戦後一号は新藤兼人《しんどうかねと》監督作品「雪崩《なだれ》」である。以来、平成九年（一九九七）製作の「草刈り十字軍」まで三五本が県内ロケによる作品数であった。

映画のロケ地にご当地が選定される理由については、文芸作品など原作の舞台が富山であったたというこことのほか、製作者の出身地であったり、積極的なロケハンによる撮影場所探しといった製作側の意図が色濃く投影されている。このことは製作側がロケ地選定においてより深く現地に入込むことを意味し、当然地域との交流が不可欠であった。

　富山がロケ地として映画に登場することで、富山が広く全国に知られる契機となったのが石原裕次郎《いしはらゆうじろう》が主演した、昭和四五年（一九七〇）の日活作品「黒部《くろべ》の太陽」であった。戦後、日本経済が高度成長期を迎え、水力による電源開発が盛んになった時代を映すセミドキュメンタリー作品がこの木本正次《きもとしょうじ》原作の『黒部の太陽』であった。雄大な黒部峡谷の自然を相手にダム建設という国家的事業に向かう男たちのドラマとして、独立プロダクションを設立してまもない石原が監督に熊井啓《くまいけい》を起用し、つくりあげた大作である。

　その後、富山が映画作品として映像化されたのは、これも文芸大作として大映が製作した宮本輝《みやもとてる》原作の昭和六二年公開の「螢川」であった。原作者の宮本は少年期に富山で過ごした思い出をモチーフに雪国の暮らしのなかでの親と子、そしてはかなく淡い恋を描いてみせた。映像のなかでも富山市内の情景が叙情的に映し出され映画もヒットした。

　また、平成二年（一九九〇）松竹《しょうちく》製作の映画「少年時代」も富山を舞台にした文芸秀作を映画化したものであった。父のふるさとに疎開をしていた少年が地元の子たちとのふれあい、葛藤をとおして成長していくという物語。原作者柏原兵三《かしわばらひょうぞう》の自伝的小説『長い道』の映画化であった。この映画では小説の舞台である入善《にゅうぜん》町でのロケーションが行われ、新川《にいかわ》地方の美しい自然、人情、風土が映し出された。同じく篠田正浩《しのだまさひろ》監督作品の、坂東玉三郎《ばんどうたまさぶろう》主演「夜叉ケ池《やしゃがいけ》」もあった。これは昭和五四年（一九七九）劇場公開された作品で、泉鏡花《いずみきょうか》の同名小説を映画化したものであった。原作とは異なる場所での映画づくりではあったが、ロケ隊の入ったご当地がブームとなるなどの現象は往々にみられるところで、期せずして縄ケ池《なわがいけ》が知れわたることとなり、水芭蕉の鑑賞などハイキングに訪れる人がふえた。

この四作に共通するのは文芸作品の映画化であり、映画製作の舞台が富山であるということである。このころまでの傾向として、読応えのある文芸作品が映画化されることにより、本県の自然、風土、人情が文芸的情緒とともに広く全国に伝えられることとなった。そしてロケ地としての富山が旅の目的地となり、大勢の観光客を呼込むこととなった。とくに黒部ダムについては同四六年の立山《たてやま》黒部アルペンルートの全線開通により国内屈指の観光地として発展を遂げている。

フィルムツーリズム

昭和五〇年代後半に大林宣彦《おおばやしのぶひこ》監督のいわゆる尾道《おのみち》三部作が製作されるあたりから、地方でロケ地の誘致について関心が向けられるようになっていった。熱烈な大林作品ファンが尾道を訪れるというロケ地観光のブーム的現象となった。これは単にロケ地に選ばれたということではなく、映画製作に地元の多くの賛同、協力をえて完成したものであり、今日盛んに全国各地で設立があいつぐフィルムコミッションの始まりとなった。

平成に入ってから映画産業の斜陽化とともに映画製作本数は低迷を続け、本県のロケ作品は前述の「少年時代」(平成二年)のほか「草刈り十字軍」(同九年)、「秘密」(同一一年)の二作があるにとどまっている。しかしその後、「ホワイトアウト」「大河の一滴」「赤い橋の下のぬるい水」「釣りバカ日誌13」「D

RIBE」「劔岳　点の記」などとふたたび活況を呈する。大手映画会社によるものから地元出身若手監督による実験的な映画まで多彩な作り手が富山を映画製作の舞台に選んだ。

本県におけるロケ作品が増加していき、全国でフィルムコミッションの設立があいついだことなどもあり、県内各地でもフィルムコミッションが設立された。平成二三年(二〇一一)富山市が「富山フィルムコミッション」を、富山県が「フィルムコミッション協会」をあいついで立ちあげた。富山市フィルムコミッションの設立準備と同時に映画「RAILWAYS愛を伝えられない大人たちへ」のロケが決まるなど、幸先のよいスタートを切った。

同じく平成二三年設立の「フィルムコミッション氷見《ひみ》市映画支援会」は「氷見を映画のまちへ」をスローガンに市民活動としての映画製作支援に取組んでいる。氷見を舞台とした作品では同一九年に「九転十起の男」があったが、設立以降は「ほしのふるまち」「死にゆく妻との旅路」「万年筆」と毎年のようにロケが続いている。そして同二四年八月には第一回氷見絆《きずな》国際映画祭が開かれ、映画のまちと呼ばれるにふさわしいイベントに期待が集まった。さらには中心市街地に映画館がたえて久しい今日、平成二五年(二〇一三)にミニシアター「氷見キネマ」が開館し、数十年ぶりの映画館復活と話題を集めた。

さらにアニメ映画の製作についても本県が舞台となり、注目を集めるようになった。上市《かみいち》町出身細《ほそ》田守《だまもる》監督作品「おおかみこどもの雪と雨」は監督自身のふるさとを舞台にした作品で、同二四年の公開映画アニメの興行順位で第五位となる(一般社団法人日本映画製作者連盟平成二五年発表)など大ヒット作品となった。舞台を模したという上市町浅生《あそう》地区の民家には首都圏からもファンが訪れている。

また、南砺《なんと》市城端《じょうはな》のP・A WORKS社はテレビアニメ「true tears」を製作、同二〇年に公開されヒットし、いちやく城端が注目をあびることとなった。このアニメ製作工房には約七〇人のアニメクリエイターが勤務している。工房そのものが見学の対象となるなど「聖地化」現象が起きている。

自然、風景を求める製作者側の一方的思惑からフィルムコミッションによる誘致活動があっての映画作りへ、映画製作の現場は地域と連携することが通例となりつつある。地域と一体となった映画作りはかつて経験したことのない地域発信の手法といえる。このような活動を通じてどのように観光にいかされるか、フィルムツーリズムという旅の形が地域活性の新しい手法として機能しはじめた。

（山下隆司）

ストーリーなど
作家と妻の醸しだす愛情物語。作家自身の若き日の自画像
明治43年(1910) 5月のハレー彗星接近騒動に基づく人間悲喜劇
大学野球部で万年補欠選手だった男がサラリーマンになり味わう人生哀歌
サラリーマンの青年と社長，社長の娘，芸者，上司が絡む恋と出世の喜劇
黒部発電所技師と病弱な妻，発電所技師女性との愛憎
美容師の美しい心の娘が従兄弟，従兄弟の友人兄弟の3人から愛される心の葛藤劇
なにものにも臆せず，けなげに生きる少女が社会のさまざまな出来事を経験しつつ正直に自分の足で人生を歩む
相容れぬ姉妹にヤクザの情夫，元恋人が織りなす愛と欲望と虚無
腕っこき記者とカメラマンがアメリカへ派遣するミスワールド候補を探しに全国各地の観光・民謡を紹介する旅
著名な画家の未亡人が亡き夫の納骨に長崎までの旅すがら昔の友人をたずねる
立山山麓に住む盲目の女性が雪崩から救われた青年画家との愛で奇跡的に眼がみえるようになるラブロマン
好いた男性のために意にそわない結婚をしたが，想いは捨て切れず家をでて辛苦に耐えた末，男と結ばれる
逃走中の男が助けられた移動養蜂隊の娘と恋に落ち，悪事と縁を切るため格闘する
アルピニストには悪いやつはいないという通説に疑問を投げかけ登山に人間ドラマを織り込んだサスペンス
登山という無償の行動をとおして社会や家族の不条理を描く
身寄りのない学生と裕福な親友，そして歌声喫茶の女性が剱岳へ……青春山岳映画
国鉄の乗客専務車掌を主人公に列車内で起こる騒動に人生の縮図を重ねる喜劇
アメリカに本部を置く麻薬シンジケートの組織抗争に挑む男の駆引き。早撃ちジョーの日活アクション
堕ちた競輪選手が潜り込んだ鉱山で虐げられる鉱夫たちのために立ちあがる
平家落人集落の娘が因習を破り結婚。戦争に引裂かれた愛への執念の叫びで能を舞い，亡き夫を追う
競馬場の売上強奪金をめぐる男たちのアクション
富山の運送会社で働く男は以前，ビキニ環礁で被爆した漁船に乗っていた。白血病の男の愛と死の絶唱純愛
人のよい精肉屋のオヤジが謎めいた美女に惹かれ，彼女を守ろうと各地で奮闘する娯楽喜劇

表２－３　富山ゆかりの映画・アニメ一覧

製作年		タイトル（監督）	ロケ地など
1940	昭和15	妻の素顔(佐藤武)	原作者岩倉政治が旧井波町出身
1949	24	空気のなくなる日(伊藤寿恵男)	原作者岩倉政治が旧井波町出身
1951	26	ホープさん(山本嘉次郎)	原作者源氏鶏太が富山市出身
1954	29	坊ちゃん社員(山本嘉次郎)	原作者源氏鶏太が富山市出身
1955	30	雪崩(新藤兼人)	黒部発電所・宇奈月温泉
		あなたと共に(大庭秀雄)	宇奈月町
1956	31	こぶしの花咲く頃(家城巳代治)	高岡市
1957	32	青い花の流れ(原研吉)	宇奈月町・富山市
1958	33	新日本珍道中(曲谷守平)	富山市／第４回全国チンドンコンクール
		吹雪と供に消えゆきぬ(木村恵吾)	立山弥陀ヶ原
1959	34	雪崩の中の花嫁(浅野辰雄)	立山で半月以上のオールロケ
1960	35	朱の花粉(大庭秀雄)	有峰・大沢野町笹津
		幌馬車は行く(野口博志)	立山弥陀ヶ原
1961	36	黒い画集《ある遭難》(杉江敏男)	黒部
1962	37	燃ゆる若者たち(篠田正浩)	立山周辺・富山市／県庁前・富山駅
		山男の歌(村山三男)	立山周辺
		車掌物語　旅は道づれ(春原政久)	富山駅
		鉛をぶちこめ(斎藤武市)	泊・親不知
1963	38	あらくれ荒野(酒井辰雄)	宇奈月町
1964	39	執炎(蔵原惟繕)	上平→五箇山(現南砺市)
1966	41	大悪党作戦(石井輝男)	宇奈月町
1967	42	千曲川絶唱(豊田四郎)	富山市
1968	43	一発大冒険(山田洋次)	富山市岩瀬浜

ストーリーなど
黒部川上流に黒四ダム建設をする男たちの葛藤，自然との闘い，家族愛を描く人間ドラマ
高山線の機関車運転手の父親が沿線の病院で難病と戦う娘に汽笛を鳴らして励ます愛情物語
立山の雄大な自然を「大地」「祈り」「道」の３部構成で古代から現代，そして未来へつなぐ交響詩
迷宮入りかと思われた殺人事件を捜査する２人の刑事と暗い過去を背負う天才音楽家の宿命を描く
盲目の旅芸人おりんと憲兵に追われる男の哀歓を美しい自然のなかに描く
国家によって殺人のプロとなった男が一人の少女にみずからの人間回復を求めるアクションドラマ
太平洋戦争を背景に狂おしいまでに愛に殉じた女と男を描く。百恵・友和コンビの文芸シリーズ。「執炎」(1946年)のリメイク
夜叉ヶ池の言い伝えを破ったために竜に村を滅ぼされてしまう幻想と伝奇の泉鏡花戯曲の映画化
学生金融会社「光クラブ」の残党が主人公のピカレスクロマン。犯罪の成功によって周囲の人間が不幸になる
おなじみ一番星の桃次郎，ジョナサン，玉三郎トリオの人情活劇。マドンナの小野みゆきが初々しい
骨肉腫のため若くしてこの世を去った医師の長女飛鳥と妻，妻に宿ったまだみぬ子飛鳥への思いをドラマ化。原作者井村和清は砺波市生まれ
殺人容疑者の女と彼女を弁護することになった女弁護士の確執を描く社会派サスペンス
昭和30年代の富山市で暮らす少年の性への目覚めと人間的成長を家族，初恋，近所の人びとをとおして描く。原作者宮本輝は幼少期富山で過ごす
東京から地方に疎開した少年が軍国を反映した子ども社会を経験しながら友情を結ぶ。明日をつくる希望を描く
優しい心をもったホタルが嵐で光を失った仲間を励まし，安心して住める世界を探し求める。原作者小沢昭巳は県内小学校教員で朝日町生まれ
利益にならない草刈りに全国から若者が集まり，個性や考え方の違いを超えて同じ目標に向かう共存の思想を描く
死んだ妻の人格を宿した娘と夫婦生活を送ることになった中年男の愛の行方は……。滝田監督は旧福岡町出身
ダムを占拠したテロリストに立ち向かうアクション映画
余命いくばくもない父親のある選択をめぐり，家族の深い絆と純愛の行方をみつめる
官能的愛のファンタジー。リストラ中年男とからだに秘密をもった女との奔放な愛の営みをコミカルに

製作年		タイトル（監督）	ロケ地など
1968	昭和43	黒部の太陽（熊井啓）	黒部・立山
1971	46	父ちゃんのポーが聞こえる（石田勝心）	高岡駅・二上山・志貴野中学・高山線
1973	48	交響詩・立山（松山善三）	立山
1974	49	砂の器（野村芳太郎）	五箇山（現南砺市）
1977	52	はなれ瞽女おりん（篠田正浩）	氷見海岸
1978	53	野生の証明（佐藤純彌）	利賀村
		炎の舞（河崎義祐）	平村
1979	54	夜叉ケ池（篠田正浩）	南砺市城端／縄ヶ池
		白昼の死角（村川透）	氷見市
		トラック野郎・熱風五千キロ（鈴木則文）	魚津市
1982	57	飛鳥へ，そしてまだ見ぬ子へ（木下亮）	庄川町
		疑惑（野村芳太郎）	砺波市／庄西中学・富山新港・富山署
1983	58	置県百年映画　風と心と（山田洋次 監修）	富山県
1987	62	螢川（佐川栄三）	富山市
1990	平成2	少年時代（篠田正浩）	入善町・朝日町・城端・高岡市
1996	8	PiPiとべないホタル　アニメ（中田新一）	アニメ
1997	9	草刈り十字軍（吉田一雄）	大沢野町・大山町・小矢部市
1999	11	秘密（滝田洋二郎）	立山町芦峅寺・立山黒部アルペンルート
2000	12	ホワイトアウト（若松節朗）	立山町黒四ダム
2001	13	大河の一滴（神山征二郎）	射水市戸破／旧小杉郵便局
		赤い橋の下のぬるい水（今村昌平）	氷見市

ストーリーなど
万年平サラリーマンで釣りバカのハマちゃんが社長のスーさんと繰広げる珍騒動富山版。本木監督は富山市出身
交通ルールを守り制限速度ピッタリにしか運転しない男の車に乗込んだ3人の男たちは苛立つ……
とあるフリースクールを舞台に悩みもがきながらも生きる姿を広々とした自然のなかに描く青春譚。浅井監督は滑川市出身
韓国映画のリメイク。余命わずかな男性の，結ばれることのない人生最後の恋を静かにみつめる
亡くなった愛おしい人が，生まれ変わって逢いにくるという，輪廻転生ロマンチックストーリー
近代日本の基礎を築上げた氷見市出身の実業家浅野総一郎の激動の生涯を描く
恋愛小説家は，情事の果てに相手の女性を絞殺し逮捕される。事件担当の女性検事は2人の過去を探るが……
女手一つで家族をまとめるパワフルな母親と息子の絆をコミカルに描く
遺体を棺におさめる納棺師となった男が人生の最期に必要な職業をとおして家族や夫婦愛のすばらしさを描く。滝田監督は旧福岡町出身
実業家浅野総一郎の青年期を描く。開港でにぎわう横浜を舞台に人びととの出会いをへて成長してゆく姿を描く
日本地図完成のため，誰も登頂に成功したことのなかった危険な山，劔岳に挑んだ男たちの姿を描く
田舎の工場で働く流産経験のある30代の主婦が，ある妊婦と出会ったことで感情を露にしていく
主人公の高校生が友達との出会いで自分を変化させていく。それぞれに悩み，人生を模索し，成長していく
タカジアスターゼの開発に成功し，世界の医学界に革命を起こした化学者高峰譲吉の半生を描いた伝記
男の定年後，主婦としての「定年」後の考え方の違いが齟齬を生むが，人生という列車の旅は続く
東京での生活に挫折し，富山へ転校した少年が不安をかかえるも仲間たちとのふれあいを通して再生していく
妻の最期が迫ることによって長年連れそった夫婦にふっと浮かびあがった純粋な愛の軌跡
米ワシントン D.C. のポトマック川沿いに桜並木を植え，日米の懸け橋となるべく奔走した高峰譲吉の伝記ドラマ
北陸の刑務所指導技官が亡き妻の故郷をめざすなかで出会う人生にふれてよみがえる妻との日常
火事で店を失った夫婦が再出発のために結婚詐欺を繰返すが，嘘の繰返しにより夫婦にも危機が……
万年筆でしか脚本が書けない男と介護に疲れた主婦が，氷見で出会い束の間の時を過ごすロードムービー

製作年		タイトル（監督）	ロケ地など
2002	平成14	釣りバカ日誌13・ハマちゃん危機一髪(本木克英)	富山市・黒部市・砺波市・南砺市
2003	15	DRIVE(SABU)	高岡市
2005	17	逢いたい(浅井康博)	氷見市
2006	18	8月のクリスマス(長崎俊一)	高岡市
		ONE　一つになりたい(市川徹)	氷見市
2007	19	九転十起の男　浅野総一郎の青春(市川徹)	氷見市
		愛の流刑地(鶴橋康夫)	富山市八尾町
2008	20	キトキト(吉田康弘)	高岡市
		おくりびと(滝田洋二郎)	原案が入善町出身の青木新門
2009	21	弁天通りの人々(市川徹)	氷見市
		劔岳　点の記(木村大作)	立山町
2010	22	無防備(市井昌秀)	射水市他富山県内
2011	23	true tears(西村純二)	南砺市城端
		さくらさくら・サムライ化学者　高峰譲吉の生涯(市川徹)	氷見市・高岡市・富山市／内山邸
		RAILWAYS 愛を伝えられない大人たちへ(蔵方政俊)	富山地方鉄道を中心に各地
		ほしのふるまち(川野浩司)	氷見市
		死んでゆく妻との旅路(塙幸成)	氷見市
2012	24	TAKAMINE・アメリカに桜を咲かせた男(市川徹)	氷見市
		あなたへ(降旗康男)	富山刑務所・島尾海岸
		夢売るふたり(西川美和)	氷見市
		万年筆(市川徹)	氷見市

ストーリーなど
人間の姿をした狼青年と女子大生が結ばれ，子どもを授かるが父親の死で幸せに陰が，そして自然豊かな田舎へ。細田監督は上市町出身
並はずれた身体能力を誇りながら，生まれつき感情をもたない殺人鬼「脳男」の姿を描くアクションサスペンス
さえないサラリーマンが旅行先の神社に参拝したところ，願いがつぎつぎとかないはじめ，映画監督としてデビュー
大リーグを自由契約になった49歳の主人公が，富山サンダーバーズに入団。環境に戸惑いながら野球に打込む
インド「ボリウッド」映画特有の歌って踊って，「炎の男クマルのように働け」という題名のラブコメディー
通りで起こるハプニングを商店主らが協力して解決していくという，地元発の「元気商店街」ムービー
鋳物職人の跡継ぎ問題をテーマとしたヒューマンドラマ&コメディ
立山連峰で幼少期を過ごした青年が金融世界で生きていたが父の死を契機に父の山小屋を継ぐ決意をする
水橋「橋まつり」を舞台に，４組の男女の愛を描く

映画.com，シネマトゥデイ

製作年		タイトル(監督)	ロケ地など
		おおかみこどもの雨と雪(細田守)	上市町浅生
2013	平成25	脳男(瀧本智行)	富山市／駅北・とやま健康パーク
		げんげ(角田陽一郎)	魚津
		TAKAOcan DREAM 〜がんばれ！サンダーバーズ〜(市川徹)	高岡
		Work Like Fire Kumaru(スンダル・シー)	立山雪の大谷・五箇山・呉羽山
		がんこもん(佐伯龍蔵)	
		すず(菱川勢一)	高岡
2014	26	春を背負って(木村大作)	富山市・立山町・立山
		彩火〜はなび〜(市川徹)	富山市水橋

参考資料：高沢滋人・久保勲『とやま映画100年』(北日本新聞社, 1999), Movie Walker,

Ⅲ章　観光富山の歴史的創造

一　立山・黒部の観光創出

発端と創業期

立山《たてやま》は古くから富士山《ふじさん》・白山《はくさん》とともに日本三霊山の一つに数えられ、信仰の山として全国から崇敬されてきた。富山県民の心のよりどころであり、県の象徴的存在となっている。観光の視点から開発の兆候がみられたのは、大正の末期からはじまった黒部《くろべ》川や常願寺《じょうがんじ》川の電源開発がその発端である。昭和九年（一九三四）に立山・黒部地帯が「中部《ちゅうぶ》山岳《さんがく》国立公園」に指定されたが、世は戦時体制へと移行しつつあり、観光よりも資源開発や電源開発が国家的課題として優先され、観光への取組みにはほど遠いものがあった。

佐伯宗義

同二〇年、終戦により、政治、経済、社会のしくみが民主化へと大転換され、なかでも電気事業の再編成が、同二六年、政府の強力な支援のもとに進められることとなり、黒部川の電源開発が、本県に供給権のない関西電力に帰属（潮流主義）されることとなった。県民にあたえたショックは大きく、当然、地元に供給権のある電力会社に帰属（属地主義）すべしという世論が巻き起こった。

本県では包蔵水力の約六割が関西電力に帰属するところから、将来不足するであろう電力供給の確保、旧県営電力の復元など、各界からさまざまな問題と要望が提起された。また、電源開発のための工事用通路として建設される長野県側大町《おおまち》ルートが工事終了後に一般開放されれば、立山・黒部地帯におよぼす影響ははかりしれないものがあった。これに備えて本県ではすみやかに立山ルートの建設を急ぎ、やがて両ルートを一貫する一大山岳ルートを開発すべしという遠大な構想が持ちあがった。この構想を強固に主張したのは、立山町芦峅寺《あしくらじ》出身の衆議院議員で、富山地方鉄道株式会社の会長であった佐伯宗義《さえきむねよし》であった。この構想に対し、県議会や諸団体の一部には、戦後まもない時期であり、経済復興、生活安定に力点を置くべきであるとの考えが存在し、立山の開発に対しては概して関心が薄く、また、霊山を荒らしてはならないなどと、自然保護、環境保護の視点からの反対意見もあった。

時の知事高辻武邦《たかつじたけくに》はこうしたさまざまな意向に配慮し、関西電力に対し熱心に富山県側の意向を伝え、立山ルートの建設に協力されたいと要請した。関西電力とすれば、水力電気の開発を本命としており、このような要請に対し躊躇したと思うが、最終的には応分の協力と支援をすることに合意した。これにより、立山ルート具体化への道筋がついた。

その結果、長野県にいたる一貫交通を視野に、初段階として昭和二七年(一九五二)、第一次富山県総合開発計画に、立山山麓から標高二五〇〇メートルの室堂《むろどう》までの交通施設の整備が盛り込まれることとなった。

同計画の内容は、県が美女平《びじょだいら》から室堂までの道路建設、佐伯宗義を社長として新しく設立された立山開発鉄道株式会社が富山地方鉄道立山線の粟巣野《あわすの》―千寿ヶ原《せんじゅがはら》（現立山駅）間の延長、千寿ヶ原―美女平間の立山ケーブルカーの建設、高原バス運行、山岳宿泊施設の整備にあたることとし、ここに官と民が共同歩調をとりながら、本格的な工事が開始されることとなった。

かくして昭和二九年（一九五四）には立山ケーブルカーが開通、その後高原バスも順次、弘法《こうぼう》、追分《おいわけ》へと進み、同三一年秋には弥陀ヶ原《みだがはら》ホテルが営業を開始、同三三年にはバスが弥陀ヶ原まで開通した。

このころになると報道も活発となり、ようやく立山観光が世間の注目をあびるようになり、観光客も徐々に増加した。県の担当する高原道路の建設過程では、この道路がやがて長野県大町市にいたる一貫道路の一翼を担う使命をもつところから、日本道路公団を誘致したり、また一日も早い室堂到達の期待から、自衛隊の協力もえながら進められる一幕もあった。

計画案の乱立と混迷期

一方、関西電力では、昭和三一年から、のちに映画「黒部の太陽」で有名になった大町トンネル（現関電トンネル）の建設を進め、同三三年に貫通後、いよいよいわゆる黒四《くろよん》工事が本格化することとなる。同社ではこれを機に工事終了後に向け、独自の観光計画を示した。これは黒四の着工許可にあたり、時の厚生省から、①黒部ダムの観光放流、②工事終了後の大町ルートや黒部ルートの一般開放、③ダム湛水により埋没する登山道に代替施設の設置など、条件つきで許可されたことによる。当初は自然保護団体や流域住民の根強い反対運動があったが、国立公園審議会や日本自然保護協会で、電気事業と国立公園事業が両立可能との結論がえられたことと、富山側の立山ルートの開設も考慮されたといわれている。

富山県では昭和三三年（一九五八）一〇月、高辻知事にかわって吉田《よしだ》實《みのる》が知事となった。吉田は就任早々に「山の夢」として、室堂止まりの県道をさらに立山の直下を貫通させ、大町ルートと自動車で結ぶ一貫自動車道路計画を発表した。また、先に設立された立山開発鉄道でも、設立当初の構想に基づき、室堂—黒部ダム間を自動車専用道とする建設案を具体化すべく、認可申請の手続き段階を迎えていた。さらに時を同じくして、立山町ほか沿線自治体からも、この一貫自動車道路を主軸として、「黒部ルート」、「有峰《ありみね》ルート」を結んでこれらを循環する、広域山岳観光圏の創造を要望する強力な運動が展開された。

富山県としては、立山・黒部をめぐり、こうした自治体や関係団体がそれぞれ主張する計画を一元化、統一化することが望ましく、ここに関係者、識者による富山県観光事業審議会を設立し、その答

吉田　實

山田昌作

太田垣士郎

申をえることとなった。その結果、同三五年五月、立山、大町、黒部、有峰の四ルートを総合的に調査、整備する具体化案を策定するため、富山県(吉田實知事)、北陸電力(金井久兵衛《かないきゅうべえ》社長)、関西電力(太田垣士郎《おおたがきしろう》会長)、立山開発鉄道(佐伯宗義社長)の四者の共同出資、役員構成により、立山黒部有峰開発株式会社(TKA)が設立されることとなった。社長には電力事業と深い関係があることから、北陸電力の初代社長・県産業顧問である山田昌作《やまだしょうさく》が選任され、会社の定款に、「立山地帯を中心とした大町、千寿ヶ原間道路、黒部峡谷、有峰盆地を含む観光産業についてその調査研究を遂げ、その具体的実施案並びにこれらの事業の経営」にあると目的を定め、ここに乱立する計画案が一つに集約された。

　昭和三七年(一九六二)、二カ年におよぶ綿密な調査をへて、室堂―黒部湖間の未成区間を含む大町市にいたる一貫自動車道路案が「立山観光産業道路」として世に公開された。この時代は、日本の経済が急速な勢いで成長に向かいつつある時期であり、観光客の増加も期待されるところから、同社の調査でも乗りかえなしの道路整備が可能であるとの結果をえられたからである。同四六年に開通した桂台《かつらだい》道路(千寿ヶ原―美女平間)は、その一環をなす象徴的な道路である。同道路ができると、①富山―東京間が一〇〇キロ短縮される、②体系的に整備されるので自然環境が守られる、③立山・黒部は世界的観光地となるなど、その効果は絶大なものであるという見解が示された。

　ところが、この計画案を察知した県内の山岳家、有識者、文化人などが結集し、なんとか立山・黒部の大自然を守りたいという熱意から、富山県自然保護協会(佐藤助九郎《さとうすけくろう》会長、牧野平五郎《まきのへいごろう》理事長)が

立山観光産業道路地図

西泰蔵

同年四月に設立された。同協会はＴＫＡの計画案に対し、①産業道路としての価値はない、②立山トンネルの貫通によりみくりが池の地質が荒らされ、池の水位が低下する、③天狗平《てんぐだいら》―室堂間はバス道路よりも遊歩道計画がよい、④室堂平に建設予定のターミナルビルは山の景観を台無しにする、⑤道路を補完するロープウェイは景観上好ましくない、⑥別のルートが考えられないか、などの点から反対した。

ＴＫＡでは、関西電力の許可条件に基づく独自の観光計画、そして自然保護団体の意向などを無視するわけにはいかず、ここに取りあえず「立山観光産業道路」案を先送りとし、同道路案を補完する施設として考えられた立山トンネル、ロープウェイ、地下ケーブルの乗継ぎ方式とし、同建設工事は新会社を設立して実施することに決定した。

だが、このとき思いもよらぬ事態が発生した。同社の社長である山田昌作が昭和三八年（一九六三）二月、関電の太田垣士郎会長が同三九年三月にあいついで他界した。会社の受けた打撃は大きく、急きよ、西泰蔵《にしたいぞう》（元北電副社長）が社長に、少し遅れて佐伯宗義が会長に就任し、両者が計画実現にあたることとなった。

このようなことがある一方、大町ルートは一般開放に向けて着々と工事が進行し、関西電力では昭和三九年（一九六四）七月から大町トンネルにおいてトロリーバスの運行が開始されるという情報に接し、立山ルートの建設に遅れがちの富山県側がこれに対し、いっそうの危機感をもった。

佐伯会長、西社長らは、これらを打開するため、さっそく各界の権威者をもって「経済」「技術」「施設」の三審議会を設置し、綿密な調査を行った。その結果、三機関乗継ぎ方式による計画の安全性と客観性もえられたので、昭和三九年四月にＴＫＡの名のもと、建設に必要な認可申請の手続きを行った。

昭和三五年のＴＫＡ設立後、最終計画案がまとまるまでの五年間というのは、立山・黒部の天恵をめぐり、電力会社、地元富山県側、そして自然保護団体の三者が、世間の期待とは裏腹に、それぞれの権益をめぐって激しく対立、相克、摩擦が展開された。また、最高首脳部の交替などが重なるなど、ルート成立過程のなかでもっとも動揺と混迷の時代であったと特筆される。

立山黒部貫光株式会社の設立とルートの完成

昭和三九年一二月、立山、大町両ルートを結ぶ未成区間である室堂―黒部湖間六キロ余の建設と運営をはかる会社として、佐伯宗義を社長とする「立山黒部貫光株式会社」が設立された。山田社長時代に新会社の設立決議をしてから二年後である。

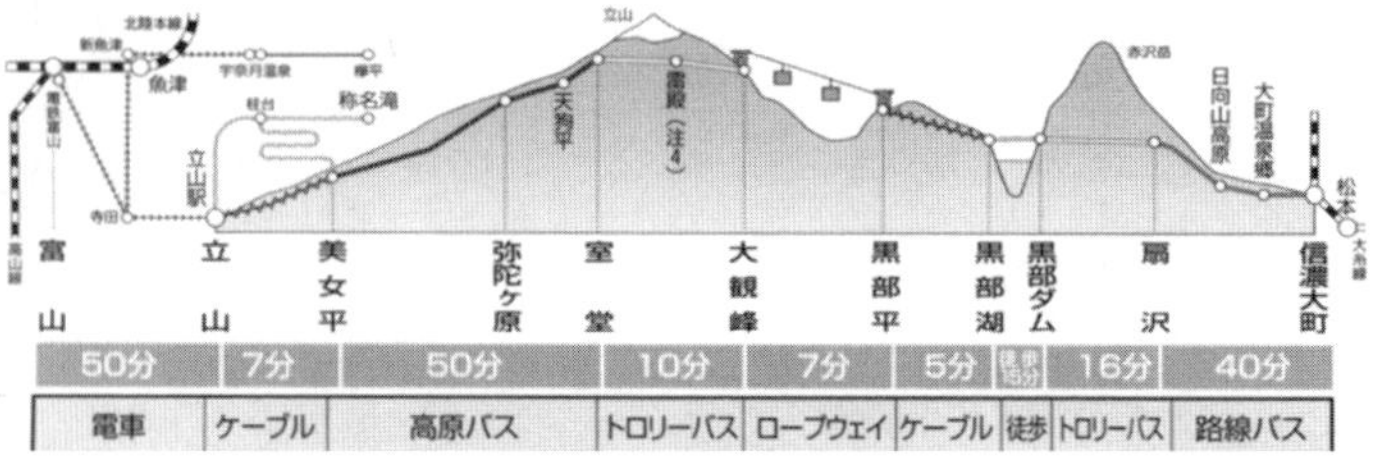

アルペンルート図

会社の資本および役員構成は、創業時の立山開発鉄道株式会社、調査時の立山黒部有峰開発株式会社に引続き、富山県、北陸電力、関西電力、立山開発鉄道が中心となり、会社の性格上その資本も全国規模で募集された。また会社の商号を「観光」とせず「貫光」としたのは、初代社長佐伯の造語であり、本事業のもつ特殊性および公共性と、佐伯の事業観から名づけられたもので、奥が深く幅も広い。佐伯にしてみれば、構想からここにいたるまでの経緯から、並々ならぬ決意をあらわしたものであるといえよう。

昭和四〇年(一九六五)六月、立山黒部貫光の建設工事は国立公園内にあるところから、国から自然保護、環境保全に万全の対策をとること、かつ公園管理について協力を求められるなど、厳しい条件が付されたうえで許可された。富山県自然保護協会も、当初求めていた要望について全面的に受入れられたわけではないが、かつて日本自然保護協会が、関電の許可条件をみて妥協したこともあり、「立山観光産業道路」の先送りをはじめとして、制約された建設条件、室堂ターミナルの建設位置の変更、専門家の構成による「立山ルート緑化研究会」を設置し、同協会の全面的指導を参考に建設工事を行うこととなったので、ようやく協会との問題の解決をみたのである。

昭和四一年春早々、建設工事が、前田《まえだ》建設と間組《はざまぐみ》の両社によって開始された。室堂(標高二四五〇メートル)・黒部湖(同一五〇〇メートル)間は距離にしてわずか六キロメートル余であるが、全国有数の豪雪地帯、低気圧(平地の三分の二)、低温度(最低マイナス二〇度)の最悪なる地理的自然条件、立山トンネルの破砕帯、加えて主要な電力は低効率な自家発電、資材輸送の困難性、冬期間の作業休止など、作業、労働条件はきわめて厳しいものがあった。それゆえ、工事予算も当初予算の三倍近くに増加した。

工事の同時着工から六年、黒部ケーブル、立山ロープウェイ、最後に立山トンネルと順次完成し、昭和四六年(一九七一)六月、「立山黒部アルペンルート」と名づけられ、全線開通した。同六一年からは年間内外あわせ一〇〇万人台の観光客を受入れるようになった。

「創業から完成までの二〇年間は、苦難と激動の連続であった。当初の関係者は同床異夢の感あるも、しだいに観光の重要性が認識され、その後一丸となって、国の許可条件遵守はもとより、国立公園事業に積極的に協力するという姿勢が評価された」ものであり、また「富山県は長らく、豊富な水力電気や労働力、そして実直な県民性に支えられ、工業立県を県是として栄えてきたので、観光に対する意識や関心が薄かった。立山の観光開発が契機となって、観光産業の育成が地域発展のために如何に重要なものであるか、一つのモデルケースを提供したと言えよう」と、佐伯は開通後述懐している。

(金山秀治)

二　電源開発と黒部峡谷

水力発電の宝庫

黒部《くろべ》川上流は永い間秘境であった。立山《たてやま》連峰と後立山《うしろ》連峰に挟まれた峡谷は険しく、さらに加賀《かが》藩の厳しい規制があり、奥山に入ることが阻まれていた。明治に入って登山や探検などによって世に知られるようになったが、多くの人が訪れ観光の拠点となるのは大正末以降である。その契機は黒部川の電源開発であった。

黒部川だけではなく、明治後期から大正時代以降、各地で電源開発が進んだ。近代化を急いだ日本では、エネルギーの確保が迫られ、水力電源に目が向けられたからである。とくに大正三年（一九一四）に第一次世界大戦がはじまると、工業生産の拡大にともない電力需要が高まり、中部山岳地帯の急峻な河川でも電源開発が積極的に進められた。なかでも急流河川の多い富山県は電源開発の宝庫であった。富山県で水力発電がはじまったのは明治時代だが、大正、昭和になって建設ラッシュとなり、昭和九年（一九三四）には発電量が全国一の四〇万六〇〇〇キロワットを誇った。たとえば、大正八年（一九一九）に浅野総一郎《あさのそういちろう》が産業振興を目的に庄《しょう》川の水力発電に着手、昭和五年当時、東洋一といわれた小牧《こまき》ダムが完成している。常願寺《じょうがんじ》川、黒部川などでもつぎつぎと発電所がつくられ、富山県はまさに電源王国となった。工業化をめざした富山県の発展を支えたのは、県内の水力発電であったといえるが、その電源開発は一方で観光の進展をもたらしたのである。

高峰譲吉と山田胖

秘境黒部川での電源開発にいち早く目をつけたのは、福沢諭吉《ふくざわゆきち》の婿養子でのちに大同《だいどう》電力を興し「電力王」と称された福沢桃介《ももすけ》である。日清《にっしん》紡績専務だった福沢は、明治四二年(一九〇九)十月、事業の拡張にともなう工場用地の動力源を求めて黒部川の調査に入っている。黒部の激流をみて断念したという話も伝わるが、会社の都合で黒部川での開発は実現しなかった。

しかし黒部川の電源開発のため、大正三年(一九一四)に三井《みつい》鉱山が水利権を出願したのをはじめ県内外の企業やグループによる出願があいつぎ、水利権獲得競争を展開した。そのようななかで黒部川の電源開発に乗り出したのは、消化剤であるタカジアスターゼを創製した化学者で実業家としても知られる高峰譲吉《たかみねじょうきち》(一八五四〜一九二二)が設立した東洋アルミナムである。アルミ精錬のための電源を求め、同九年本格的に黒部川での電源開発を進めた。高峰と出会い、黒部川での電源開発にあたったのは逓信《ていしん》省の土木技師であった山田胖《やまだゆたか》である。山田は同六年逓信省を退職して水力電源立地調査にあたり、東洋アルミナムが発足すると、開発の総指揮をとった。現在宇奈月《うなづき》温泉がある内山《うちやま》村桃原《ももはら》の台地を基地とし、上流での発電所建設のための建設資材、人員を運ぶ軌道施設計画を立てるとともに、三日市《みっかいち》駅(現JR黒部駅)から宇奈月までの一般営業の黒部鉄道会社を設立した。しかし同一一年、東洋アルミナムの事業は第一次世界大戦後の不況と高峰譲吉の死により挫折する。この機に、中部山岳地帯での電源開発をめざしていた日本電力が東洋アルミナムの経営権を握り、以後、黒部川の電源開発は日本電力が推進することになり、関西方面への電力供給を主目的とした開発へと転換した。

難工事と景観保護

黒部川上流での大規模な電源開発の第一歩は、宇奈月から約二キロメートル上流の柳河原《やながわら》発電所建設であった。大正一二年(一九二三)九月に建設資材用の軌道施設工事に着手し、昭和二年(一九二七)一一月運転を開始した。出力は五万七〇〇〇キロワット、当時として国内最大を誇る発電所であった。

その後、黒部の電源開発は国内景気の好不況の波を受けながら、上流へと進んでいく。猫又《ねこまた》地内での第二発電所計画は昭和初期の金融恐慌などで一時中断したが、経済が好転した昭和八年に着工、同一一年に運転を開始した。最大出力は六万三〇〇〇キロワットにのぼった。さらに戦時体制へ向かう時局に電力需要が高まるなか、日本電力は黒部川での第三発電所建設に取組み、昭和一一年九月に着工。同一五年、欅平《けやきだいら》地内に最大出力八万一〇〇〇キロワットにのぼる大規模な水力発電所が完成した。これらの建設は順調に進んだわけではない。険しい峡谷にそって調査歩道の開削や資材輸送路建設などは厳しい自然環境のもとでの作業であった。とくに第三発電所建設にあたっては、一六〇度という高熱地帯でのトンネル掘削、同一三年一二月に志合谷《しあいだに》で発生した表層雪崩(ホウ雪崩)による宿舎倒壊で八四人が犠牲になるなど難工事の末の完成だった。これらは吉村昭《よしむらあきら》の『高熱隧道《こうねつずいどう》』に描かれている。自然、景観への対応も大きな課題であった。貴重な峡谷の保護を求めて国立公園協会から反対論などが起こるなかでの建設だったが、第二発電所建設では猿飛峡《さるとび》の景観に配慮して取水するダムを当初計画から下流に移し、発電所も自然と調和するよう工夫している。昭和九年にはこの地域が国立公園特別地域に指定されたため、第三発電所建設にあたっては十字峡《じゅうじきょう》近くに計画されていた取水位置を約五キロメートル下流の仙人谷《せんにんだに》に変更するなど、景観に配慮しなければならなかった。

黒部川の電源開発は戦後も続いた。電力再編で富山県は北陸電力の管轄となったが、黒部川水系上流は開発の経緯などから関西電力が引継ぎ、戦後の復興で電力需要が増大するなか、同社はさらに上流で黒部第四発電所の建設を進めた。標高一四四八メートルの地点に高さ一八六メートルのアーチ式ダムを設け、下流に最大出力二五万八〇〇〇キロワットの地下発電所をつくる一大プロジェクトであった。国立公園内であり、自然への配慮が求められたが、昭和三一年(一九五六)大町《おおまち》、立山、黒部の三ルートから工事を進めた。破砕帯での出水などに遭遇するなど難工事の末、完成したのは同三八年。工期七年、総工費五一三億円という巨費を投じた「世紀の大事業」であった。

宇奈月温泉とトロッコ電車

黒部川のこれらの電源開発は、一方で黒部峡谷の観光を促進させた。日本一ともいわれるV字峡の黒部峡谷は魅力に富んでいる。温泉も古くから峡谷沿いに発見されており、観光資源としての可能性は大きかった。ただ、どんなに優れた観光資源であっても、多くの人が訪れるためには、交通ルートなどの整備が必要だが、黒部のなかでまず観光の拠点になったのは宇奈月温泉であった。約七キロメ

黒部ダム

黒部峡谷鉄道のトロッコ電車

ートル上流の黒薙《くろなぎ》温泉を源泉とし、大正一二年（一九二三）に桃原（宇奈月）に引湯してできた温泉地である。黒薙温泉からの引湯は、宇奈月から約二キロメートル下流の内山村荷《に》上《あがり》地内に同五年に設立された愛本《あいもと》温泉まで延びていたが、引湯した温度が低く客が減少し閉湯していた。これにかわる形で温泉事業に乗り出したのが電源開発を進めた東洋アルミナムであった。宇奈月を電源開発の基地とした同社は、三日市から宇奈月まで資材輸送のほか、一般客も利用できる貨客両用の黒部鉄道をつくるとともに、温泉事業を進めたのである。黒薙温泉からの引湯も山田胖の努力によって熱湯を引くこと

人気の立山黒部アルペンルート空撮(立山黒部貫光〈株〉提供)

ができ、大正一二年(一九二三)宇奈月温泉が拓かれた。スキー場やプール、テニスコートなども整備し、理想的な保養地をめざして開発された温泉であったが、観光客が多く訪れることができたのは黒部鉄道開通によって交通網が整備されたからである。東洋アルミナムのこれらの事業は電源開発同様に日本電力に引継がれるが、宇奈月はやがて旅館が立ち並ぶ温泉郷に発展、黒部峡谷の玄関口でもあり、富山県を代表する観光地となった。また宇奈月から上流の黒部峡谷の観光が促進されたのも、電源開発の資材運搬のための軌道、トロッコ電車がつくられ、交通手段が整備されたからである。昭和一二年(一九三七)に宇奈月—欅平間が開通、当初は工事専用軌道であり「便乗ノ安全ニ付テハ一切保証シマセン」という乗車証が発行されていたこともある。昭和二八年(一九五三)地方鉄道法による営業の免許を受け、同四六年に関西電力から分離独立し黒部峡谷鉄道株式会社が設立され、峡谷探勝のトロッコ電車が走る黒部峡谷は、県内外からの客でにぎわう観光拠点になっている。

人気のアルペンルート

さらに完成以来、多くの観光客を集めているのは黒部ダムである。黒部第四発電所建設、いわゆる黒四《くろよん》の電源開発プロジェクトは「黒部の太陽」の映画化などで広く紹介されているが、黒部ダム建設でつくられた工事用ルートは、観光ルートとして整備された。黒部峡谷欅平とダムを結ぶ黒部ルートは今もなお一般開放されていないが、立山、大町ルートは富山県と長野県を高原バス、トロリーバス、ロープウェー、ケーブルカーなどを乗継ぐ「立山黒部アルペンルート」となり、年間約一〇〇万人が訪れる山岳観光の拠点となった。

黒部の貴重な自然景観と、戦前、戦後の電源開発にともなう資材運搬ルート、交通網の整備が立山黒部アルペンルート、黒部峡谷、宇奈月温泉という富山県を代表する観光地に発展させたのである。

（河田　稔）

三　世界遺産、五箇山合掌集落

地域開発と過疎化

明治の中ごろ、竹中邦香《たけなかくにか》は地誌『越中遊覧志《えっちゅうゆうらんし》』でつぎのように記している。「五箇山《ごかやま》郷ハ同国富山を距る南方十二里、山間の僻陬《へきすう》の村として六十餘村、千餘戸を以って全郷をなし、昔は罪人を追放せし所にて、全郷崎嶇《きく》たる山地なれバ、水田に充べき平地とてハ更になく、人民は養蚕・製紙及び硝石を以って生計を営み居れり」。

富山県南砺《なんと》市五箇山地区は、永らく平野部から隔絶した歴史をもつ山村であり、そのため「秘境」とも呼ばれ、合掌《がっしょう》集落や数々の民俗文化が残されてきた。しかし全国の山間地同様、過疎の問題にも直面している。とくに五箇山の場合、大正末期から昭和初期に始まった地域開発が過疎を助長したことが否めないように思われる。

大正末ごろ、セメント王浅野総一郎《あさのそういちろう》の構想に基づく小牧《こまき》ダム建設を手はじめとして、庄《しょう》川の電源開発がはじまる。このダム建設にともない周辺集落は水没、移転を余儀なくされた。また残った家はいわゆる近代化の波に乗り、瓦葺家屋などに姿を変え、合掌《がっしょう》造家屋がしだいに減少していった。戦後になると電源開発は「飛越《ひえつ》特定地域総合開発」によって庄川上流部へ延びる。これに併行して庄川の沿岸道路、城端《じょうはな》と五箇山を結ぶ八幡《はちまん》道路が県道となり、やがて国道(一五六号、三〇四号)に昇格する。また五箇山は冬季の豪雪による平野部からの孤立解消が大きな課題であったが、吉田實《よしだみのる》知事時代の第三次県勢総合開発計画で延長三・〇七キロメートルの五箇山トンネルが着工の運びとなり、昭和五九年(一九八四)に開通、五箇山は、いわゆる「陸の孤島」の状態から開放された。同時に地域開発にともなう公共事業(土建業)は五箇山の数少ない産業の一つとなり、過疎地対策事業でもあった道路改良の進展は交通の便を大きく改善した。加えて平成二〇年(二〇〇八)中京圏と結ぶ東海北陸自動車道が

五箇山・相倉合掌集落（富山県立南砺平高等学校提供）

初冬の小牧ダム湖

全線開通し、交通体系に飛躍的変化をもたらした。

しかし一方で、表3－1にみられるように明治以降、緩やかな人口減少が続いていた五箇山は昭和四〇年代を過ぎると減少傾向が加速する。前回統計対人口増減率を求めると道路改良伸展時の昭和四〇年（一九六五）から同五〇年にかけて、また高速道路全通となる平成二〇年で二〇パーセントを超える高い減少率を示している。このことは交通体系を大きく変化させた地域開発と過疎の進行に相関があること意味する。国道の整備・高速道路開通により、平野部への通勤が可能となり、ついで若い世代を中心に平野部への移住者が増加していったのである。

世界遺産への道程

五箇山へはじめて観光バスが乗入れたのは昭和二五年（一九五〇）である。合掌造は同二六年の記録では三一七戸存在した（ちなみに平成二五年現在は、約五〇戸である）。同三九年、文部省文化財保護委員会（現文部科学省文化審議会）による合掌集落調査が行われ、文部省から国の史跡指定の打診が行われた。地元では、指定されると「自由がなくなる」、「保存が大変だ」、「負担が増える」など規制に対する不安から慎重意見が続出、二年間の協議が続いたが最終的に受諾し、同四五年、旧平《たいら》村相倉《あいのくら》・旧上平《かみたいら》村菅沼《すがぬま》の両合掌集落が文化財保護法による国の史跡に指定された。これを機に観光の村としての機運が盛上がり、同四六年五箇山観光協会を設立、合掌集落内で民宿経営を奨励したのである。

表３－１　五箇山地区の人口の推移（人）

旧村名	明治45	大正10	昭和10	昭和20	昭和30
平	4,921	4,487	3,910	4,058	3,714
上平	2,109	1,991	1,898	2,206	1,908
旧村名	昭和40	昭和50	昭和60	平成10	平成20
平	3,094	2,110	1,770	1,533	1,202
上平	1,428	1,100	1,070	1,023	772

『富山県統計書』『富山県統計年鑑』による。ただし，平成20年は平・上平行政センター調べ。

同四五年一軒であった民宿が翌年には一挙に二七軒となり、同五三年には四一軒に増加、村の主要な生業の一つとなった。また観光協会設立の翌年、運輸省（現国土交通省）の補助事業を受け、散在していた合掌造家屋を集め「五箇山青少年旅行村」（現在の五箇山合掌の里）をオープンした。

平成七年（一九九五）、岐阜県白川郷《しらかわごう》と五箇山の合掌造集落が世界文化遺産に登録された。登録条件では、「歴史」「保存状態」「価値」の観点から審査されたが、とくに合掌造という独自性をもつ歴史的建築物に現在も人が住み続けていることが高く評価されたのである。かつて昭和一〇年（一九三五）に来日したドイツの建築学者ブルーノ＝タウトは、「合掌造りは構造が合理的であり論理的であるという点において、全く独特の存在である」と、彼の著『日本美の再発見』のなかで多機能を有する合掌造を絶賛したことも登録理由に付記された。国の史跡指定に際しては異論もあった村内もまったく異議なくこの登録を受けたのである。観光客入込数(表3—2)をみると、昭和五〇年代から六〇年代にかけて著しい増加傾向を示している。このことは五箇山が観光客誘致の体制を整え、かつ道路事情の改善にともなう観光バスやマイカーによる大量の乗入れが可能になったことをものがたっている。その後、昭和六〇年代から平成の初めにかけて横ばいを続けた観光客入込数が、平成一〇年以降七〇〜八〇万人台に上昇する。世界文化遺産登録と中京圏を結ぶ東海北陸自動車道が開通した影響が大きい。

表3－2　観光客入込数(人)

昭和43	昭和45	昭和50	昭和55	昭和60
70,000	100,000	316,000	520,000	610,000
平成5	平成10	平成15	平成20	
619,000	768,000	753,000	820,000	

五箇山観光案内所(ただし，昭和43年は平村)調べ。

観光の課題と展望

五箇山では地域開発の伸展と観光への取組みが功を奏し、昭和五〇年(一九七五)ごろ以降、観光客が飛躍的に増加を示したが、その一方で交通事情改善による旅行時間の大幅な短縮は、日帰り客の増加・宿泊客の減少という新たな問題を引起こした。最近の宿泊客数を高速道路全通前の一〇年間の平均値と比較してみると、全通後では工事関連などの宿泊を含めて三〇パーセント弱減少(五箇山観光案内所、平成二五年調べ)し、数少ない生業の一つである宿泊施設(平成二五年現在、民宿一二軒、旅館七軒)の経営を直撃している。高齢化する経営の担い手の問題とともに懸念される課題である。

ところで昭和五年、詩人西條八十《さいじょうやそ》の筑子唄《こきりこうた》採譜を目的とする五箇山探訪を契機に、地元の高桑敬親《たかくわけいしん》らによって田楽《でんがく》を発祥とする民謡「こきりこ」の歴史的価値が掘り起こされた。そして同二六年、伝承者山崎《やまざき》しいから採譜して発表され、国の無形文化財に選定(現在は、国指定選択無形民俗文化財)、文部省の(現文部科学省)中学校用音楽教材にも採用された。このため五箇山では保存会を立ちあげ、「麦屋節」などの郷土民謡とともに重要な観光資源としている。過疎・少子化進行のなかで地元の県立平高校(現南砺平《なんとたいら》高校)が平成元年(一九八九)に郷土芸能部を立ちあげ、全国高等学校総合文化祭で最優秀賞を獲得するなど、主体的に活動を継続しているのは頼もしい。

もう一つの課題は、豪雪などの厳しい生活を支えあってきた無償の共同作業「結《ゆい》」が、高齢化の進行とともに崩壊したことへの対応である。結のなかでももっとも重労働の一つが、合掌造の茅葺《かやぶき》屋根の葺替え作業である。従来、住民総出で行ってきたこの作業は、現在は地元富山県西部森林組合へ委託され、住民の負担は大きく軽減された。また、指定家屋は改修費の九五パーセントが国・県・市の公費補助で賄われている。住民の意思で改築が行いにくい家屋でもあり、公費補助と森林組合の協力体制による取組みは評価できる一例といえる。

また五箇山では古くから二カ所ある世界遺産合掌集落内への一般車両の進入を禁止し、文化遺産の保護と同時に原風景保持につとめている。さらに近年、空き家対策として広く全国から入居者の募集を実施している。幸いに子ども連れの若い夫婦が入居し、集落の維持と活性化が期待されている。

五箇山は秘境であったがゆえに、開発による利便性と引換えに失ったものも多いと思われる。しかし、村の人びとは残された貴重な遺産と伝統文化を守るべく次世代への継続的な取組みを強めている。地域文化はそこに人びとが生活を続けなければ継承も発展もない。付言するなら、過疎の問題は、その地域の歴史・伝統を理解し、営々とつちかわれてきた暮らしと文化をいかに誇れるかという住む人自身の意識の問題でもあるように思われる。しかし、現実には住民の地域への愛着や民間の努力だけでは解決できない課題も多く、官民の協力が不可欠である。行政や公的団体が地域住民の前向きな意欲をくみとり、そこにいかに適切に関わるかということが、ますます重要となるであろう。

（宮村光治）

四　時代といきる「おわら風の盆」

百年前の風の盆、おわら節

富山市八尾《やつお》町の「おわら風《かぜ》の盆《ぼん》」（以下、「風の盆」）は、毎年九月一日から三日間、山あいの坂の町を「越中《えっちゅう》おわら節」（以下、「おわら節」）が流れわたり、モノトーンの通りが揃いの浴衣《ゆかた》や法被《はっぴ》、編笠姿の踊りで彩られる。三味線《しゃみせん》や胡弓《こきゅう》の音色に哀調を感じる人、しなやかな女踊りや凛《りん》とした男踊りなどに魅せられる人など、おわら節ならではの世界に惹かれて、全国から約二〇万人もの観光客が訪れる。

だが、歴史を振返ると、現在とは違った姿が浮かびあがってくる。たとえば、翁久允《おきなきゅういん》（Ⅱ章五参照）が『高志人《こしびと》』で述懐する明治三七、八年の風の盆では、楽器は今と同じだが、多少音がはずれようともお構いなしで、手拍子や囃子《はやし》など、さまざまな音に満ち、娘をからかう男や異様な風態《ふうてい》の女、さらには変装して浮かれ歩く老人らで、実に活気にあふれている。

一方、風の盆で唄われるおわら節はどうであろうか。富山県主催一府八県連合共進会が開催された大正二年（一九一三）刊行『富山県案内』の八尾町の項には、次のような歌詞が載っている。

小原《おわら》々々はどこでもはやる　わけて八尾は　なおはやる

おわら節といえば八尾を想起するわれわれにとっては、意外な感じがするが、明治三九年（一九〇六）に県内の小学校長が各郡役所に提出した「俗謡《ぞくよう》調査報告書」には、泊《とまり》や東水橋《ひがしみずはし》、さらには上新川《かみにいかわ》郡内などで、おわら節を流行唄と報告している。どうやら、花柳界《かりゅうかい》でもおわら節は座の盛りあげに一役買っていたようで、前述の共進会に向けての新聞記者招待会で視察した魚津《うおづ》や富山などで、芸者衆がおわら節を披露している。

「おわら風の盆」の町流し

生活のさまざまなシーンで親しまれていたおわら節だが、八尾では明治末年から俳壇が中心になり、在来の歌詞や淫猥な表現を見直し、新たな歌詞の創作をはじめている。おわら節が流行り唄として浸透したのは、その時代や人びとの心をとらえる「なにか」があったからである。だが一方で、流行ることによって、おわら節が本来、もっていた「なにか」が失われ、変質していったのかも知れない。

おわら節を八尾ならではの、かけがえのない「光」としてとらえ、見つめなおす。明治末期に一部の俳人たちからわきあがった動きは、大正後期に八尾町オワラ研究会という組織に育つ。さらに、大正期には有志による踊り（豊年《ほうねん》踊り・旧踊りと呼ばれる）もつくられている。

新しい歌詞や踊りを創作する

風の盆やおわら節を「観光」という視点で考えるうえで、昭和四年（一九二九）という年は大変重要である。それまでの地元有志によるものではない、外部の専門家などによる新しい歌詞や踊りが創作され、さらには保存会という組織が創立されたからである。

きっかけは、昭和四年六月に東京日本橋《にほんばし》の三越《みつこし》百貨店で開催された富山県特産品陳列会への出演であった。前年一〇月に第一回目の特産品陳列会を京都四条《しじょう》の大丸《だいまる》百貨店で開いたが、入場者が少なかったため、県当局はさらなる集客をねらって、今度は東京で郷土民謡の紹介を同時開催したのである。郷土を代表する民謡として選ばれたのが麦屋節とおわら節であった。

折しも、東京市主催「第一回民謡祭」も開かれるなど、北原白秋《きたはらはくしゅう》や野口雨情《のぐちうじょう》ら詩人や作曲家による新民謡運動が盛んなころである。城端が特産の絹織物を詠み込んだ五首の新たな麦屋節の歌詞を用意したところをみると、おそらく県側から旧来の民謡以外に新しい趣向が求められたと思われる。八尾も地元俳人の新作歌詞で臨む道もあった。だが、実際は違った。小杉放庵《こすぎほうあん》と水田竹圃《みずたちくほ》という、東京や関西で名を知られていた画家に歌詞を、創作舞踊の家元若柳吉三郎《わかやぎきちさぶろう》に踊りを依頼したのだ。今考えても、その斬新な発想には驚かされる。それまでのおわら節とは一線を画す、まさに、時代の空気や東京という場を意識した「聞かせるおわら」、「見せるおわら」であったのである。

「片田舎の民謡」が東京の檜舞台を踏む初めての機会に、放庵や竹圃、吉三郎とコンタクトをとり、八尾で名人のおわら節を披露したうえで、歌詞や踊りを依頼したのが医師の川崎順二《かわさきじゅんじ》(一八九八〜一九七一)。当時、三〇歳を過ぎたばかりであった。

川崎順二と若柳吉三郎・芸者衆

昭和四年八月に「越中八尾民謡おわら保存会」(現富山県民謡越中八尾おわら保存会)を創立した川崎は、その発会式で「踊、唄、地方の調和の美しく、しんみりと洗練せられたる事を帝都識者間に大いに認められ…民謡界に一大センセーションを起こした」と、新しいおわら節について述べている。同五年九月、富山商工会議所発行の小冊子『とやま』は初めて「小原節」の項を設け、「情緒ゆかしきもの」と紹介。また、全国誌の『旅』(同五年一一月号)も風の盆ルポを掲載し「二百十日の坂街《さかまち》の昼から夜へ夜から昼へと、撥《ばち》の音に澄んだ唄声と、そして編笠を冠《かぶ》ったお盆の人達のねり歩くふりには、いつかな溶《とけ》くる様な甘美な情《じょう》緒《ちょ》の中へ柔かく包まれてしまう感じになる」と、記している。当時の『旅』は旅行ブームのなか、その土地固有の民謡に関する記事も多くなっていた。それにしても、昭和初年の案内書や旅行雑誌が、いずれも「情緒」というイメージを発信している点は興味深い。

『富山日報』(昭和四年九月三日付)によれば、風の盆には一日で二万人以上もの観光客が訪れている。県内でも「石動《いするぎ》小唄」や「新湊《しんみなと》小唄」、「蜃気楼《しんきろう》節」や「宇奈月情緒」など、観光名所を盛込んだ新民謡、いわゆるご当地ソングが続々、創作されていたなかで、新しいおわら節への関心も醸成されたのであろう。もちろん、二年前に富山－越中八尾間に飛越《ひえつ》線(現JR高山本線)が開通したことも、その背中を押したに違いない。気になるそのころの風の盆だが、俳人の前田普羅《まえだふら》が句集『二百十日』の序文「風の盆」に、揃いの浴衣に編笠で町を流し、三味線や胡弓も繊細な音色を奏でるなど、現代の風の盆さながらの光景を書いている。注目したいのは、前田が町流しを楽しむ人びとを、見物人でも観光客でもなく、「聴衆」と呼んでいることである。風の盆は明治末期のにぎやかでエネルギッシュな雰囲気から、おわら節を聴くための「静かな初秋の行事」となっていたようである。

さらに新しい生命を吹込むために

おわら節に新たな価値を付加した川崎は、その後も多くの作家や画家、音楽家を風の盆などに招き、歌詞を依頼する一方、在来の古謡の蒐集にもつとめ、さらには、一般からの懸賞歌詞募集も開始している。保存会の趣旨に「郷土八尾に育まれた民謡小原の特性を失わず、より良いものに保存していこうとする者達の会です」とあるように、保存と改良の二極の両立をめざしていたのである。昭和四年

（一九二九）にはじめられた一般歌詞募集は川崎亡き後も引継がれ、平成二一年（二〇〇九）まで続けられた。古謡から平成の歌詞まで、保存会に蒐集された歌詞の総数は三〇〇〇首にものぼるという。

現在の風の盆では、古謡や地元俳人の歌詞とともに、小杉放庵や野口雨情、佐藤惣之助《さとうそうのすけ》らの文人たちが残した歌詞が、大切に唄い継がれている。そして、町流しでは豊年踊り（旧踊り）が踊られ、町内ごとの踊場やステージなどでは青年男女が新踊りを披露する。町流しがみられないという苦情を解消しようと、観光協会や商工会、行政センターからなる「おわら風の盆行事運営委員会」が発行する無料のガイドブックに、町流しのスケジュール表を掲載している。また、観光客の要望に応えて、自由に参加できる輪踊りを行っている町もある。

「おわら風の盆」という八尾にしかない宝、伝統を次の世代につなぐために、おわら節を改良し、新しい価値を創造してきた歴史。その先人たちの努力や思いを受継ぐかのように、今も、風の盆のわずか三日間のために公民館や自宅などで、日々の稽古を重ねている人びとがいる。そんな積重ねがあるからこそ、その唄や音に八尾ならではの味わいが生まれ、魅力となっているのであろう。

平成一四年に「風のたより実行委員会」が八尾を訪れた観光客に「紙風船はがき」を配布し、メッセージをよせてもらっているが、その中に「伝統文化を継承する中で、見事に人づくりが培われていることに感服した」、「各町内で真剣に練習している姿に、都会で失われてしまった絆と優しさに触れたようで感動した」という意見があった。八尾に暮らす人びとには当たり前の日常や習慣が、観光客の眼には特別なものと映り、感動をあたえたのである。ごく一部の声とはいえ、こうした外部の視線は、通年観光を考えるうえで貴重と思われる。外部から訪れた一人ひとりが、風の盆やおわら節、そして八尾に、新しい価値を発見できるような情報や場、その伝え手を育んでいくとき、「おわら風の盆」にさらなる新しい生命が吹込まれていくのではないか。

（平野和子）

五　鉄道がつないだ地域遺産

地域の足となった県内中小私鉄の歴史

明治五年（一八七二）一〇月、新橋—横浜間に日本ではじめて鉄道が開通し、以後、日本各地へ広がった。日本海側に位置する富山県では、太平洋側に遅れたとはいえ大正初めまでに幹線の敷設がほぼ終わり、私設鉄道の敷設が進展し、産業や観光の開発に大きく貢献することとなった（一一四頁地図参照）。

官設鉄道は、国策にそって富国強兵《ふこくきょうへい》、殖産興業《しょくさんこうぎょう》に直結する鉄道開発を主目的にしたが、地方の投資家などによる私設鉄道は、地方の物資の集散や人びとの足となって利用されることを大きな目的とした。

明治三〇年に富山県内で最初の鉄道である中越《ちゅうえつ》鉄道（現ＪＲ城端《じょうはな》線とＪＲ氷見《ひみ》線の一部）は、大矢《おおや》四郎兵衛《しろべえ》ら砺波《となみ》地方の有力者が中心となって敷設され、米および砺波地方の物産を港へ運び、交易することを目的とした。また大正期以降、富山市を中心に海岸地域や立山山麓、穀倉地帯、温泉地などへ軽便鉄道や軌道が順次敷設される。これらの私設鉄道の多くは、太平洋戦争中に統合されて現在の富山地方鉄道となった。そうした鉄道のなかで、いま話題となり、語り継がれている鉄道がある。それは、大正一一年(一九二二)に砺波平野の北西から南東にかけて横断開通した加越線《かえつ》である。

明治四五年五月、砺波軽便鉄道が設立され、庄川《しょう》左岸の青島村《あおしま》(現砺波市)―荒川村《あらかわ》(現小矢部市《おやべ》)間の鉄道敷設の免許を申請した。これは庄川を使って流送されていた木材がダムの建設のため送れなくなり、かわって鉄道によって輸送するためであった。大正四年(一九一五)七月、青島町―福野《ふくの》間が開通、同七年には社名を加越鉄道と改称、同一一年七月、福野―石動《いするぎ》間の営業を開始し、全線が開通した。この鉄道は当初、目的とされた木材輸送のみならず、砺波平野の米や農産物、沿線の紡績・木製品工場の原料や製品の輸送、さらには労働者・学生・生徒の通勤・通学の手段として欠かせないものとなった。そのほか、井波《いなみ》の名刹瑞泉寺《ずいせんじ》の催し「太子伝会《たいしでんえ》」や沿線の祭りや行事などにも利用されるようになった。「新名所庄川峡と加越鉄道」は昭和六年(一九三一)に加越鉄道が乗客誘致の目的で作成した極彩色の鳥瞰図《ちょうかんず》(口絵)である。

その後、昭和一八年に富山県下交通大統合が実施され、加越鉄道は富山地方鉄道に統合されたが、戦後の物資不足の時代にも、生活物資の輸送や住民の足を支え続けた。

しかし、高度経済成長によるモータリゼーションには勝てず、昭和四五年(一九七〇)五月、加越線を運営していた加越能鉄道《かえつのう》(昭和二五年に富山地方鉄道から分離・独立)は翌四六年三月に廃線にすることを突然表明した。しかし、沿線各地で反対運動が起こり、紆余曲折の末、同四七年九月一五日に

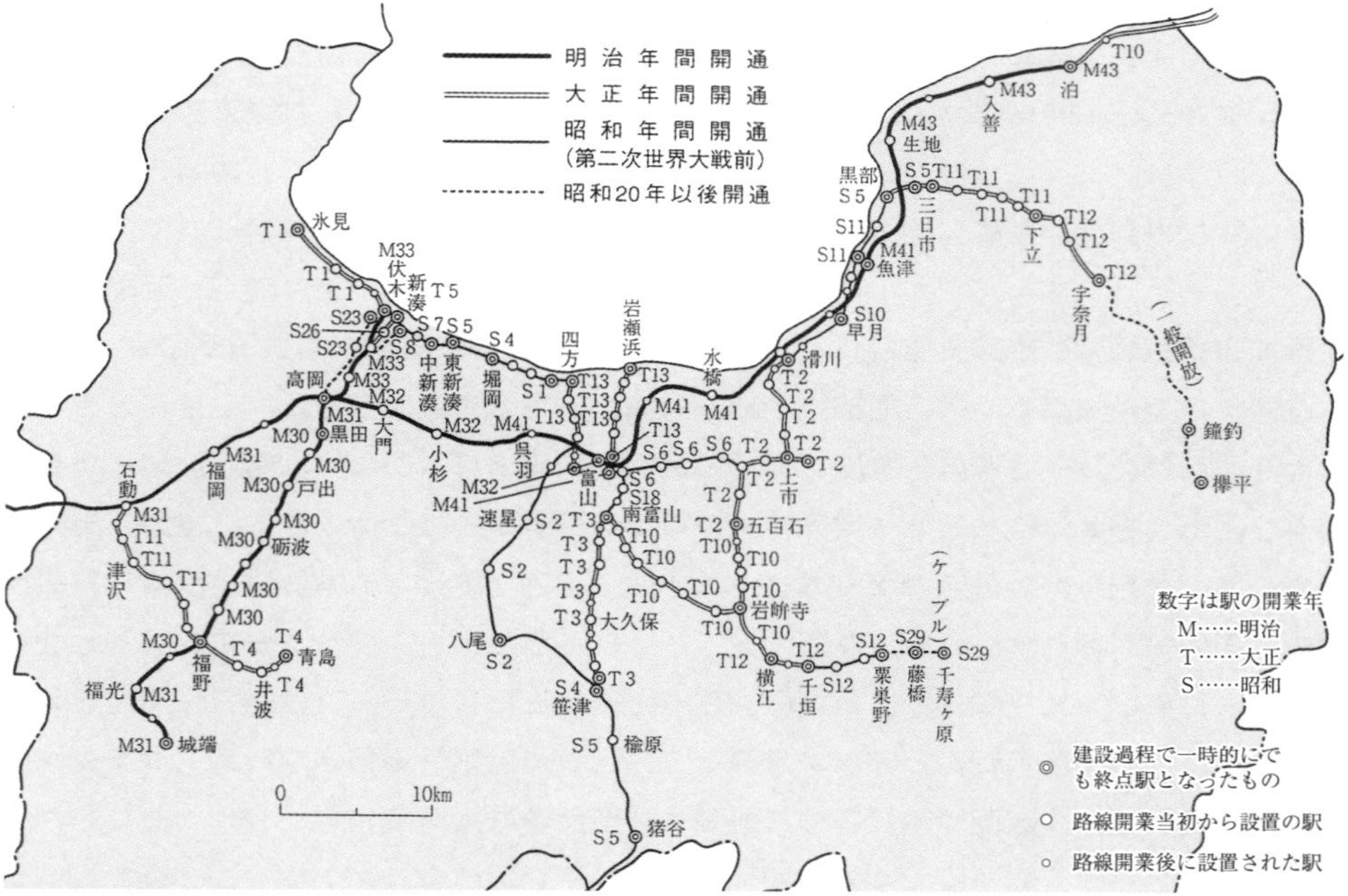

富山県の鉄道開設状況(『日本地誌』10巻収載, 一部改)

最終列車が運行され、加越線五七年の歴史に幕を閉じた。

廃線から四〇年、よみがえる記憶の数々

加越線の廃線から四〇年をへた平成二四年(二〇一二)春ごろから「加越線の廃線に学ぼう」という住民の輪が大きく広がっていった。はじめは薄れかけた記憶をたどって関係者に聞いて回ることからはじまった。創業に関わる資料を調べるなかで、利害が対立していたようすなども明らかになった。沿線住民や鉄道の利用者、運転手・車掌・駅員・保線工員などへのヒアリングは俄然盛りあがった。加越線に関わった一人ひとりが加越線に限りない愛着を感じていて、話はいつまでも続いた。比較的近い過去のことであり、誰もが現在との対比で明確に記憶しているからかも知れなかった。わけても、現在、富山県へ新幹線の開通が間近にせまり、城端線をはじめとする在来線の運用が問題になっている時期もあり、城端線の将来と絡んで、「加越線廃線」のことを思い出す人たちも多かった。

　そこで勇気をえた私は、加越線に関する遺された品物を収集することとし、あわせて各地でシンポジウムや語る会を開催することにした。仲間が精力的に調査に歩いた結果、貴重な資料(切符や時刻

加越能鉄道加越線(庄川町駅 昭和47年9月)

シンポジウムテーマ「あの頃 加越線が走っていた」

表の類や駅名板や路線関係の器具、そのほか珍しいものなど）がみつかった。そのなかで、廃線時に当時の二人の高校生が加越線のことを調べてまとめた手書きの冊子『加越線終末の記』が発見された。加越線の走行風景をルポ形式で執筆し、車両や駅舎、乗客などを撮影した写真が添付されていた。価値ある資料を復刻して保存するべきだと考え、富山県呉西《ごせい》地区公共交通再生研究会の手により刊行にこぎつけた。

平成二四年（二〇一二）の夏から秋にかけて、井波・津沢《つざわ》など、かつて加越線が走り抜けていた思い出の地でシンポジウムが開催された。「あの頃加越線が走っていた」のテーマのもと、どの会場も一〇〇人を超す市民らが参加した。同年一〇月、南砺《なんと》市山見《やまみ》（井波）のショッピングセンター・アスモであったシンポジウムには一二〇人が集まり、パネルディスカッションでは加越線元運転士・元車掌、『加越線終末の記』の執筆者らがパネリストとなった。

パネリストは「となみ野の田園風景を走っていた光景が懐かしい」と思い出を語り、存続が不安視されるＪＲ城端線など公共交通のあり方について「地元住民が積極的に利用することが大事」、「高齢化が進むなか、車に乗れないお年寄りのためにも公共交通は必要だ」などの意見がよせられた。

歴史の教訓を未来に

「終わってしまったことは仕方がないこと……」ととらえてしまえばそれで終わりで、歴史に学ぶことはなにもなくなる。しかし、「加越線廃線四〇年」で行った一連のイベントを顧みると、実に多くのことを学ぶことができた。

・廃線とは何だったのか?――地域への影響、家庭や個人への影響。

・廃線以外の方法はなかったのか?――あったかもしれないが、廃線が極秘に進められた。

・反対運動は?――地域全体の運動として盛りあがらなかった。

・それはなぜか?――モータリゼーション進展の現状を肯定⁉

〝先の先まで〟読めなかった、いや、考えようとしなかった、――などといえるかも知れない。そして北陸新幹線開業に関し、在来線、とくに城端線や氷見線のことを思いやらぬ人はいなかった。今こそわれわれは、加越線廃線などの歴史に学ぶ正念場へきているのではなかろうか。

（木本尚志）

六　戦後の富山県総合計画

総合計画と観光

県の行政計画の要である総合計画のなかで、「観光」がどのように扱われているかを各時代ごとに考察したい。富山県では昭和二七年(一九五二)三月、全国に先がけて「富山県総合開発計画」が策定された。以後、平成二四年(二〇一二)四月「新・元気とやま創造計画」にいたるまで、一〇次と修正計画を含めて一二回にわたって総合計画が策定されてきた(表3—3参照)。いずれも時代の要請に応え、また時代を先見して計画され、長期的な県づくりの指針とされてきた。

それでは「観光」に関して、どのような施策が取りあげられてきたのであろうか。計画そのものが総合的なるゆえに、観光施策を弁別することは難しいが、本県の場合、とくに観光施策を中心に総合計画が推進された状況は比較的に少ないと思う。時期により地域開発が優先され、その影響により観光客の入込みが進んだときもあった。また時代の要請により自然保護や環境保全の立場から立山《たてやま》へのマイカー規制も導入された、などの例もある。グローバル化の時代が続き、北陸新幹線の開業を控えて、いよいよ本格的な観光施策が期待される。以下、歴代知事の施政を画期として総合計画の流れと観光に関わることがらをまとめてみた。

表3－3　富山県総合計画の歩み

計画の名称 知事	策定年月	計画期間	基本方向・特色など
富山県総合開発計画 （第1次） 高辻武邦	昭和27年3月	昭和27～35	●国土の徹底的な総合利用による生活領域の拡大：①勤労と所得の機会確保，②健康で文化的な生活，③経済，文化の発展
同上修正4カ年計画 吉田　實	昭和32年9月	昭和32～35	●客観情勢の変化などからの修正：①日ソ貿易，②電力不足，③工業の発展，④技術革新
富山県勢総合計画 （第2次） 吉田　實	昭和36年1月	昭和36～45	●県勢の躍進と県民福祉の向上：①産業基盤の整備，②工業の高度化，③教育条件の整備と産業教育の復興，④福祉の充実と生活環境施設整備　など
第3次富山県勢総合計画 吉田　實	昭和41年3月	昭和41～50	●経済の飛躍的な発展とこれに調和する社会開発の推進を通じて，豊かな住みよい県土づくりを実現
第4次富山県勢総合計画 中田幸吉	昭和45年11月	昭和46～60	●価値ある県民生活の実現：①創造的な生活，②健康な生活，③安全な生活，④豊かな生活，⑤快適な生活、⑥安定した生活
住みよい富山県をつくる総合計画 （第5次） 中田幸吉	昭和48年10月	昭和49～60	●住みよさの追求：①県民生活の基礎を固める，②人間性を豊かに育てる，③調和と繁栄をもたらす
同上修正計画 中田幸吉	昭和53年3月	昭和53～60	●若者の多い活力ある人口構成／●豊かで心のかよいあう社会の形成：ボランティア活動，コミュニティ活動の展開
富山県民総合計画 （第6次） 中沖　豊	昭和58年4月	昭和58～65	●県民の県民による県民のための計画／●活力と温かい心に満ちた美しいふるさと　人づくり，郷土づくり，産業づくり／●21世紀への3つの挑戦

計画の名称 知事	策定年月	計画期間	基本方向・特色など
新富山県民総合計画 （第7次） 中沖　豊	平成3年3月	平成3～12	●しあわせに生きる富山の創造／●3つの立県構想：人材立県，生活立県，国際立県／●政策の柱：人づくり，郷土づくり，産業づくり
富山県民新世紀計画 （第8次） 中沖　豊	平成13年4月	平成13～22	●水と緑といのちが輝く　元気とやま／●政策の柱：5つの立県構想―人材立県，生活立県，環境立県，産業立県，国際立県―／●県民参加の挑戦目標：健康とスポーツのはつらつ県，生涯学習と文化の創造県，子どもと若者のいきいき県，情報とバイオの躍進県，水と緑と食の快適県
元気とやま創造計画 （第9次） 石井隆一	平成19年4月	目標年次 平成27年度	●みんなで創ろう！　人が輝く元気とやま―活力，未来，安心のふるさと―／●政策の柱：活力とやま，未来とやま，安心とやま
新・元気とやま創造計画 （第10次） 石井隆一	平成24年4月	目標年次 平成33年度	●みんなで創ろう！　人が輝く高志の国―活力，未来，安心のふるさと―／●政策の柱：活力とやま，未来とやま，安心とやま

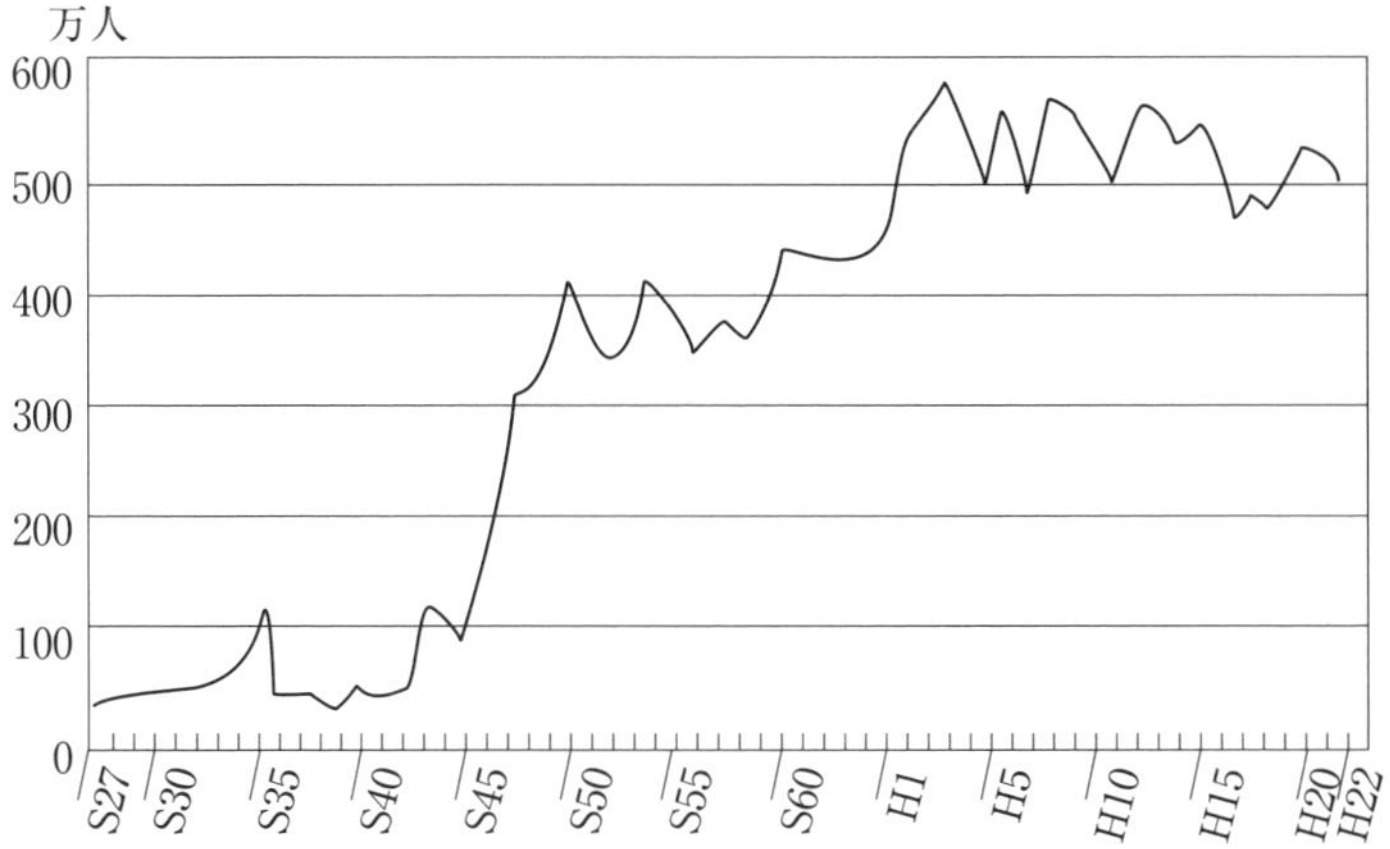

県内観光地年間入込総数の推移（昭和27〜平成22年）　富山県観光課統計アーカイブスにより作成した。平成４年以降は総数の記載がないので，観光地・観光施設の入込数を合計した。

高辻県政期（昭和二三・一一・二三〜三一・九・三〇）

高辻《たかつじ》武邦《たけくに》県政期では、前述のように、昭和二七年（一九五二）三月の「富山県総合開発計画」（第一次）を策定し、計画県政の基を築いた。同計画は同二五年に策定された国の「国土総合開発法」を受けて策定したもので、「県土の徹底的な総合利用による生活領域の拡大」を目標として掲げた。計画の基本として、電源開発、重化学工業の育成、交通機関の整備などを掲げた。この計画中、もっとも重要な計画は水政計画で、多目的ダムの建設を中心に、資源の総合的な開発をはかったもので、電源開発中心の開発という性格であった。

観光に関しては、この時期、博覧会ブームと団体旅行ブームが起こったこと、立山観光開発がその緒についたことをあげることができる。博覧会ブームは別項で述べるので割愛し、団体旅行は職

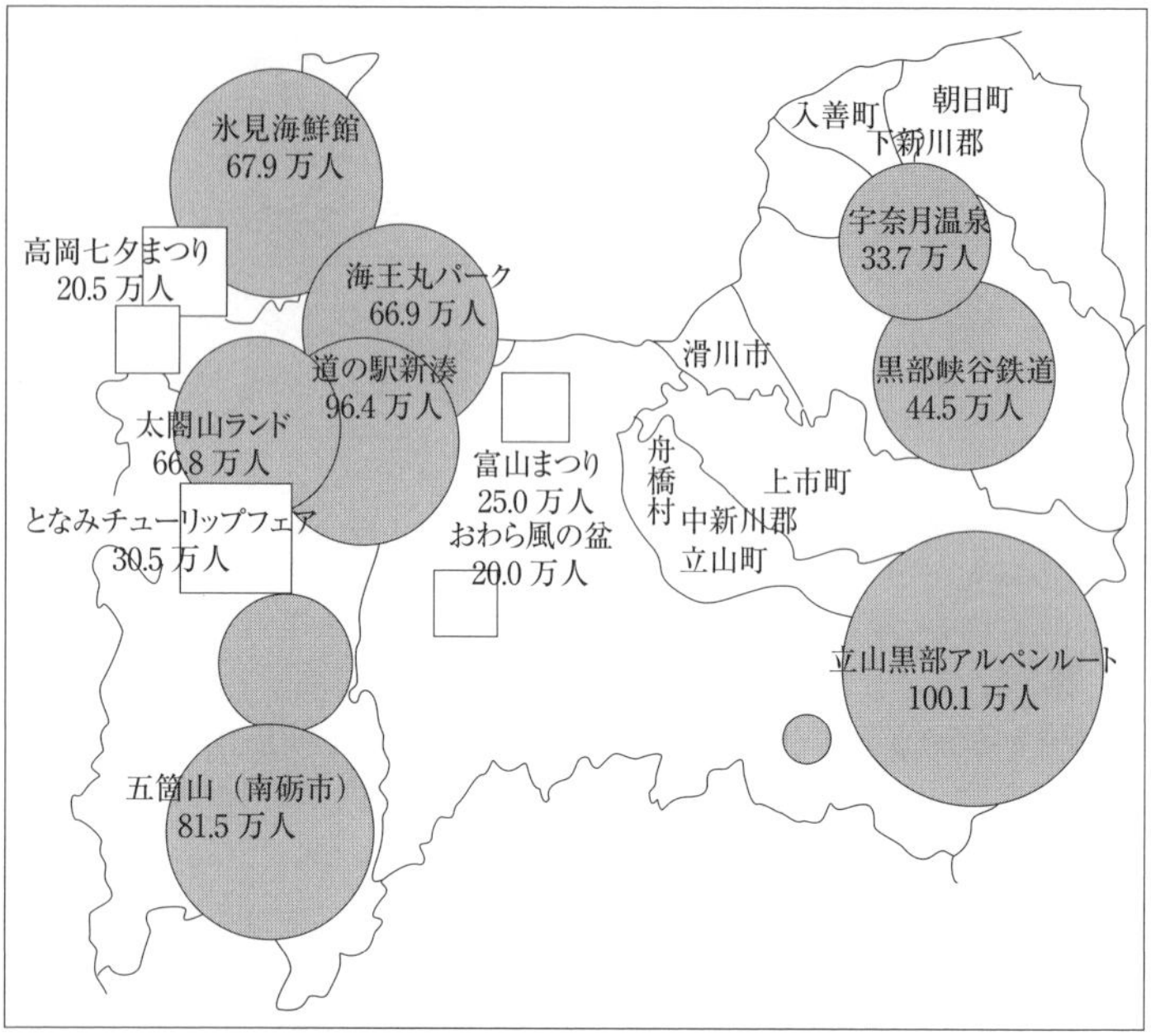

平成22年（2010）の主要観光地入込数　『富山県統計年鑑』『県勢要覧』による。

場の慰安旅行を中心に貸切バスが盛況を呈した。

立山観光開発は、富山県総合開発計画の一端を担うものとして、昭和二六年（一九五一）に立山山岳地帯総合開発計画の構想とその実施計画案が策定された。同二七年、立山開発鉄道株式会社が設立され、同二九年八月には千寿ヶ原《せんじゅがはら》—美女平《びじょだいら》間のケーブルカーが開通した。観光行政に関しては、観光を担当する独立した係の設置は、県より市町村が先行し、同二九年立山町が町制を敷くと同時に企画観光課を発足させ、宇奈月《うなづき》町・富山市・大山《おおやま》町と続いた。

吉田県政期(昭和三一・一〇・一〜四四・一一・一)

吉田《よしだ》實《みのる》県政期の総合計画の策定は、「修正四カ年計画」、「富山県勢総合計画」(第二次)、「第三次富山県勢総合計画」の三回である。このうち、修正四カ年計画は客観情勢の変化などによる第一次計画の修正という性格のもので、吉田県政の真骨頂をあらわすともいうべき計画は、第二次、第三次の総合計画である。第二次計画の大きな特徴は、「野に山に海に」という言葉が象徴するように、地域一体化の理念のもとに計画されたいくつかの地域構想であった。「野の夢」は有畜農業を中心とした農業の革新で、その一つとして県立大谷《おおたに》技術短期大学が設立された。「山の夢」は立山地域総合開発で、立山黒部《くろべ》アルペンルートによる観光開発が実現。「海の夢」は富山新港の建設による後背工業地域の造成を行った。並行して富山・高岡《たかおか》新産業都市の建設を進め、日本海沿岸の開発拠点をめざした。それは、日本海時代の幕開けでもあった。

第三次県勢総合計画は、社会経済情勢の変化に対応して第二次計画を昭和四〇年(一九六五)で打切り、新たな一〇カ年計画を策定したもので、人間尊重を基調とする心田《しんでん》開発、精神開発の推進に基軸が据えられた。第二次・第三次とも、国の経済成長政策の波にも乗り、計画の達成率が高いものとなった。

観光に関しては、この時期モータリゼーションが急速に進展し、県内一日交通圏が確立した。北陸線の複線・電化が完成し(昭和四四年六月)、富山空港が開港(昭和三八年八月)、関西電力の黒部ダムが完成し、広域観光が活発化した。さらに昭和四六年六月の立山黒部アルペンルートの開通は、年間約一〇〇万人の観光客を呼込むほどの観光ルートとなった。

中田県政期（昭和四四・一二・三〇〜五五・九・一八）

中田幸吉《なかだこうきち》県政期の総合計画は、「第四次富山県勢総合計画」、「住みよい富山県をつくる総合計画」（第五次）、「同修正計画」の三回である。最初の第四次計画は、吉田県政時代に構想されたもので、価値観の変化や情報化、国際化に対応して計画され、さらに新全国総合開発計画による長期プロジェクトの実現や北回り新幹線（その後、北陸新幹線と改称）および東海北陸自動車道の計画を進めるものとしている。第五次計画の「住みよい富山県をつくる総合計画」は第四次計画の途中から実施され、過去四回の計画とその手法を大きく異にしていた。それは課題を重点的に体系化したもので、基本的な課題として、土地、環境、資源の問題を取りあげている。修正計画は昭和六〇年（一九八五）を目標に、県民生活のおもな課題ごとに目標となる数値を示した。また県内を五広域圏に分け、開発の目標を示した。

この時期、経済の高度成長期をへて、余暇生活がみなおされるようになった。この情勢を背景に、官公庁が人びとの余暇を主導するようになり、昭和四八年（一九七三）のオイルショック（第一次石油危機）以降は、建設省（現国土交通省）、運輸省（現国土交通省）、文部省（現文部科学省）、農林水産省などの政府機関や都道府県、市町村などで公的余暇施設が設立された。富山県でもユースホステルや各種レクリエーション施設が設置されていった。また、国立公園、国定公園、県定公園などの自然公園行政にも力が入れられ、各市町村でも公園施設の設置が盛んに行われた。

もちろん、この時期、ますますのモータリゼーションや北陸自動車道の建設や富山空港ジェット化などにより、一般観光客の入込数はふえ続けた。

中沖県政期（昭和五五・一一・一一〜平成一六・一一・八）

中沖豊《なかおきゆたか》県政期の六期二四年間には、第六次から第八次にわたって三回の総合計画が策定されている。昭和五八年（一九八三）四月、第六次にあたる「富山県民総合計画」が策定された。この計画は、「県民の、県民による、県民のための計画」を標榜し、二一世紀への三つの挑戦として、「日本一の健康・スポーツ県」「日本一の花と緑の県」「日本一の科学・文化県」を目標に掲げた。計画の施行にあわせて、「いい人　いい味　いきいき富山」の観光キャンペーンがスタートした。

平成三年（一九九一）三月には、二一世紀を睨んで、第七次にあたる「新富山県民総合計画」が策定された。この計画では、「しあわせに生きる富山の創造」として三つの立県構想、すなわち人材立県、生活立県、国際立県を掲げて、施策を展開した。

二一世紀に入って、平成一三年四月には、「富山県民新世紀計画」（第八次）が策定された。「水と緑といのちが輝く　元気とやま」を標榜。県民参加の挑戦目標として「健康とスポーツのはつらつ県」「生涯学習と文化の創造県」「子どもと若者のいきいき県」「情報とバイオの躍進県」「水と緑と食の快適県」の五つを掲げた。

昭和五八年（一九八三）五月九日、置県百年記念式典が行われ、同年七月には県民公園太閤山《たいこう》ランドがオープンし、「にっぽん新世紀博」が開催された。さらに、平成四年には太閤山ランドで第一回ジャパンエキスポ（JET）が開かれた。また、富山空港の滑走路の延長・拡充工事が完成し、大連便、ウラジオストック便、ソウル便などの国際路線が開設された。さらに、北陸新幹線の着工に向けて、多大な努力が傾注された。

石井県政期（平成一六・一一・九〜現在）

石井《いしい》隆一《たかかず》県政期に入ってから、二回の総合計画が策定されている。まず、目標年次を平成二七年（二〇一五）とする「元気とやま創造計画」（第九次）が策定された。この計画は、「みんなで創ろう！人が輝く　元気とやま」をスローガンに掲げ、平成一九年（二〇〇七）度から新幹線開業後の二七年度の間に取組む政策を「活力」「未来」「安心」の三本柱でまとめた。各事業別に事業の効果や進捗がわかりやすいように年度ごとの目標数値が設定されて実施されていた。同二二年になって、社会情勢の変化や北陸新幹線建設の状況にあわせて新しい総合計画を策定することとなった。新しい計画は、「新・元気とやま創造計画」（第一〇次）で、同一九年四月に策定された目標年次を同三三年とするものである。このなかで、五つの重点戦略として、①グローバル競争を勝ち抜く環日本海・アジア戦略、②少子高齢化・人口減少社会における活力創造戦略、③災害に強い「日本一の安全・安心県」戦略、④環日本海地域の「環境・エネルギー先端県」戦略、⑤いつまでも、みんな元気「健康先進県」戦略、を掲げている。

そして、同二六年度末に開業する北陸新幹線(長野―金沢間)を見据えた県、市町村、民間団体からなる「新幹線戦略とやま県民会議」を設置し、広域観光、滞在型観光、おもてなしの心の醸成、新たな街づくりなどの戦略に取組んでいる。

(温井喜彦)

Ⅳ章　ふるさとの個性を輝かす

一　売薬が育んだ富山の産業

売薬の製造と販売

富山売薬は、江戸時代に富山藩の専売品として独特の形で発展し、その売薬を成立たせるために多くの関連産業が発達した。明治期になると、売薬によってたくわえた資本を、銀行、紡績、電力などへ投資したり、薬品製造自体も洋薬との出会いにより影響を受けて進展した。また、売薬関連の容器や紙袋製造、印刷など売薬以外の分野にも進出するようになり、特色ある富山の産業の一翼を担うようになった。薬都富山の薬業関連産業の広がりをたどってみよう。

現在に続いている富山売薬は、富山藩二代藩主前田正甫《まえだまさとし》の時代にはじまったとされている。前田正甫は合薬《あわせぐすり》の研究を奨励し薬効を重視し、備前《びぜん》藩の医師、万代常閑《ばんだいじょうかん》から伝えられた「反魂丹《はんごんたん》」など、中心になる薬をつくらせた。江戸時代後期には商圏は全国におよび、「先用後利《せんようこうり》」をモットーに信用を築き、個々の配置を正確に記した「縣場帳《かけばちょう》」を使用した。

富山売薬の初めのころの商品は、「反魂丹」など四、五品で、薬種商《やくしゅ》の松井屋源右衛門《まついやげんえもん》が藩から命じられて製造した。「反魂丹」の場合、二二味《み》（味は成分）もの薬種を決まった方法ですりつぶし、まぜあわせ、小麦粉やそば粉を加えて練りかためて丸薬にした。その後、多くの薬種商が製薬を許され、つくった薬を八重崎屋源六《やえざきやげんろく》をはじめとする売薬行商人が諸国を回商するようになった。

表4－1　富山売薬の関連業種の業者数調べ（明治中期以降～大正期ごろまで）

業　　種	業者数
薬種商	42
売薬搗屋	3
製丸師	8
箔商	6
製飴所	7
砂糖商	13
膏薬製造業	5
紙商	16
煎薬振出用布袋製造	6
曲物業	10
売薬錫容器製造業	9
ブリキ製缶業	15
晒蛤貝商	4
薬瓶製造業	15
コルク製作所（輸入商）	4
度量衡器商	7
丸薬量器	1
刷毛製造販売業	3
小間物・荒物商	1
売薬進物商	24
錦絵（売薬版画）版元	5
印判版木彫刻師	30
合羽商	4
荒物商	4
売薬縣場帳仲買業	15
ボール函製造業（または紙函）	21
ブリキ製売薬預箱	9
合計業者数	287

村上清造著『富山売薬とその周辺』の文中より作成。

売薬の関連産業

売薬の仕事は、薬をつくってお客に売る商売であるが、関連する多くの仕事が必要であった（表4―1参照）。一服の散薬（こなぐすり）でも、紙包みに入れなければ売り物にはならない。丸薬や水薬、塗り薬、貼り薬と、薬にはいろいろな形があり、それに応じた包装の仕方が工夫されている。また、薬を製造・精製する施設・用具、度量衡《どりょうこう》の数々。さらに配置薬行商のための預袋《あずけぶくろ》や柳行李《やなぎこうり》、おまけのための絵紙《えがみ》（売薬版画）などと十指に余る産業群が成立っていた。

薬の製造に関する分野では、薬種商・売薬搗屋《つきや》・製丸師《せいがん》・膏薬《こうやく》製造業などがある。薬種商は、売薬関連というより売薬の中心に位置し、薬の材料を集めて売薬人へ販売し、「反魂丹」など製法が複雑な薬を製造して売薬人へ卸した。江戸期から続く薬種商が明治中期ごろで四二軒もあった。搗屋は薬草などを水車で搗《つ》いてくだき、製丸師は丸薬製造のプロである。膏薬製造業は、売薬人が自家でつくれないアンマ膏などの貼り薬を釜で煮詰めてつくった。そのほか箔《はく》商・飴《あめ》商・砂糖商などがあり、なかでも藩外からの移入品を扱う砂糖商は練薬《ねりやく》製造などに必要で、ほかの町より断然多かった。

つぎに容器製造の分野では、江戸時代では、布袋・曲げ物・貝・竹の皮などの容器が用いられた。明治・大正期になると、薬振出《くすりふりだ》し布袋《ぬのぶくろ》・錫《すず》器・ブリキ缶・薬瓶などが加わった。曲げ物は、おもに練薬の容器として使用され、ヒノキ・スギなどの材を円形に曲げてつくった。明治後期からは、ブリキにかわった。錫器は高貴薬の容器に、ブリキ缶はいろいろな薬の容器として使用された。薬瓶も明治中期以降、水薬の容器として盛んに使用され、一五もの業者があった。

紙商および木版印刷は、売薬の関連産業としてことのほか発達した。売薬の用紙は八尾在《やつおざい》でつくられ、富山の紙商が薬袋・薬包紙・帳簿用紙などとして扱った。売薬に関する印刷は、印判版木彫刻師が活躍した。薬袋には、個々の薬を入れる上袋《うわぶくろ》と預袋があり、江戸時代から彫刻師によって彫られた版木により文字や絵が刷込まれた。また、進物用の売薬版画(錦絵《にしきえ》)が数多く制作されたが、下絵を描く人、彫る人、印刷する人がいた。下絵作者では、江戸時代の松浦守美《まつうらもりよし》、明治期の尾竹国一《おだけくにかず》、尾竹竹坡《ちくは》が有名である。版元は一〇軒以上あった。

銀行・電力・教育などに投資

明治期に入って、これまで蓄積されてきた売薬資本がほかの産業に投資され、富山の近代化をうながすもとになった。まず、明治一一年（一八七八）富山第百二十三国立銀行ができたが、実質的な資本提供者は薬業家の中田清兵衛《なかだせいべえ》と密田林蔵《みつだりんぞう》らであった。同一七年に金沢市にあった金沢第十二国立銀行と合併し富山第十二国立銀行となった。売薬業者たちは、ほかにも銀行や信用組合などの金融機関をつくり、地域経済の進展に対応した。その後、富山第十二国立銀行は、十二銀行と改称、昭和一八年（一九四三）には合併により北陸銀行となった。

北陸ではじめて電気による明かりがともったのは、明治二七年、富山市で開かれた勧業博覧会場内で、ともしたのは売薬業、密田家分家の長男、密田孝吉《こうきち》であった。薬種商の金岡又左衛門《かなおかまたざえもん》は電気の事業化をめざし、密田青年の協力をえて、同三〇年、富山電燈株式会社を設立した。同三二年には大久《おおく》保《ぼ》村塩《しお》地内に水力発電所を建設し、同年四月、富山市に家庭電灯用電力を送電した。同四四年（一九一一）には庵谷《いおりだに》第一発電所を建設して電灯から産業用電力へと開発を進めた。富山電燈は、その後、富山電気、日本海電気と改称し、昭和一六年（一九四一）には北陸の電力会社がまとまって北陸合同電気となり、同二六年（一九五一）には北陸電力となった。

富山売薬では売薬人教育が重視され、寺子屋《てらこや》教育が盛んであった。明治九年、薬業の近代化をめざして薬業者の手で広貫堂《こうかんどう》が設立されると、後継者の育成にも力が入れられた。同二七年、共立薬《きょうりつやく》学校が創設され、三〇年（一八九七）に市立となった。その後、売薬業者たちの努力で県立薬学校から薬業専門学校になり、大正九年(一九二〇)には官立薬学専門学校となって、薬学研究と薬剤師の養成に貢献した。また売薬人育成のために、昭和二年(一九二七)、市立富山薬学校が設立され、戦後、県立高校の薬業科へ引継がれた。

富山売薬のすそ野の広がり

三〇〇年続いた配置売薬の生産と販売は、高度成長期を最後に減少している。しかし、配置売薬以外の医薬品生産、および関連産業の技術や資本は、次ページの図、「富山売薬が育てた富山の産業」にみるように、広がりをみせている。

まず、富山の医薬品生産は、明治以降着実に伸び、平成二三年(二〇一一)の都道府県別生産額は五七五四億円で埼玉、静岡についで第三位である。この理由は、売薬生産という歴史的な遺産にもよるが、富山薬専や富大薬学部による技術の継承・発展と人材育成とが大きい力となっている。おもな企業は株式会社広貫堂、富山化学工業株式会社、金剛化学株式会社やジェネリック医薬品生産の日医工株式会社、貼付薬のリードケミカル株式会社などがある。また医薬品卸販売では、歴史の古い金剛薬品株式会社やケロリンで有名な内外薬品株式会社などがある。

売薬容器に関連する産業は大きく姿を変えた。まず、金属容器はブリキ缶から鉛や錫の押出しチューブが生まれ、さらにはアルミ缶へと発展した。この業界をリードしたのは、明治六年創業の牛嶋屋《うしじまや》金物店で、初めは売薬容器製造が主であったが、しだいに一般の容器製造を本格化させ、戦後、武内《たけうち》

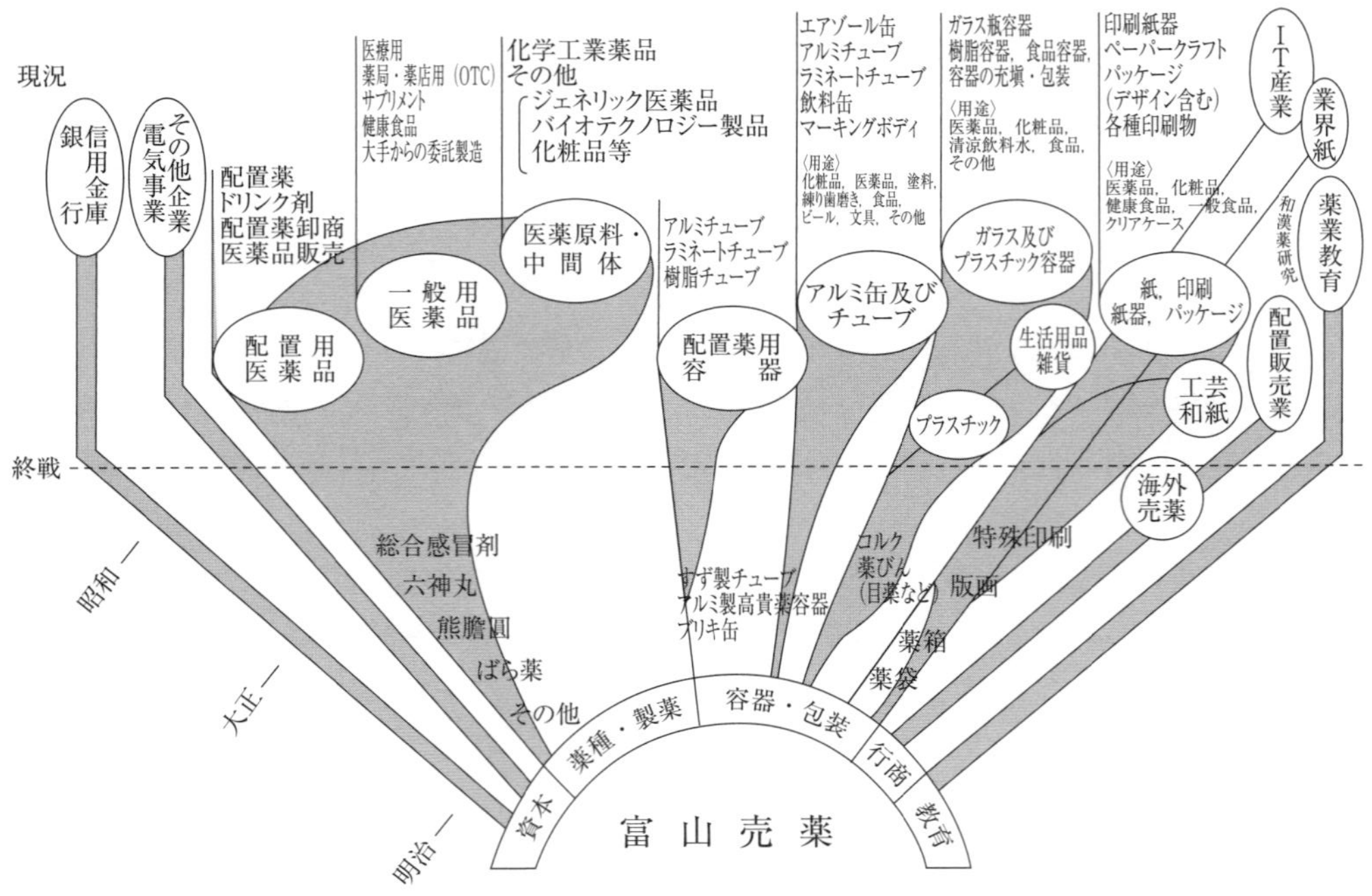

富山売薬が育んだ富山の産業

プレス工業株式会社となってからは、独自の道を歩み、つぎつぎと新しい分野を開発し、現在は各種アルミ缶・エアゾール缶などの世界的なメーカーに成長した。

薬の容器としてのガラス瓶は、明治・大正期に「六神丸《ろくしんがん》」や「神薬《しんやく》」などの容器のメーカーとして多くの業者があったたが、戦後、プラスチックの出現とともに、プラスチック容器や食器などの製造が盛んになった。この分野では、コルクメーカーから転じた斎藤《さいとう》製作所株式会社やキタノ製作所株式会社、ガラス瓶の製造からプラスチック容器の総合メーカーとして発展した阪神容器株式会社がある。

富山売薬に関する印刷物は、大正・昭和期に入ってますます多様化した。明治中期以降、活版印刷になると、色や図柄、文字などが自由にデザインできるようになった。印刷の種類もラベル、効能書、広告、チラシなどと多彩になり、また個別の薬を入れる薬袋(上袋や差袋《さしぶくろ》という)や薬箱などが考案されて、印刷紙器というジャンルが誕生した。さらにこれが売薬のみならず、一般医薬品、化粧品、食品などの製造業者から注文を受けるようになり、印刷紙器の枠を超えて、全体をデザインして包装品を製造するパッケージ産業が誕生した。印刷紙器やパッケージ製造の企業は多いが、歴史的にも古く、売薬との関係が深いのは、印刷では朝日《あさひ》印刷株式会社と富山スガキ株式会社、包装関係ではタイヨーパッケージ株式会社ほかがある。

産業観光は歴史を踏まえて

江戸期に完成をみた「売薬」が、その後の時代にどのような影響をおよぼしているかをみた。江戸期をとおして蓄積された売薬資本は、投資により富山の近代化に貢献し、製薬そのものは医薬品工業へと発展し、関連産業の容器製造・印刷紙器・その他が、それぞれ特色のある産業へと進展した。

「薬都」と呼ばれる富山は、「くすり」をテーマとした産業観光の可能性を無限にもっている。しかしながら、個別の企業や業界のレベルで、富山薬業の歴史認識がいまだ十分ではなく、いかし切れていない嫌いがある。そのためには、富山売薬三〇〇年の歴史を踏まえて、関連産業の歴史も含めて、学び伝えることにより、人びとを感動させ、納得させ、満足させる産業観光が実現できよう。

（須山盛彰）

二　馬場はるが残した遺産

馬場はるの英断

明治一九年（一八八六）に富山県朝日町泊《あさひまちとまり》の小沢《こざわ》家に生まれ、富山市東岩瀬《ひがしいわせ》の海運業を営む馬場《ばば》家へ嫁いだはるは、馬場家を継承し、また巨大な富を社会に還元し、七年制の旧制富山高等学校の生みの母となった女性である。また小泉八雲《こいずみやくも》（ラフカディオ＝ハーン）の蔵書「ヘルン文庫」を旧制富山高等学校へ購入することにも寄付を惜しまなかった。また福野町《ふくの》（現南砺市《なんと》）出身の若い建築家吉田鉄郎《よしだてつろう》の飛躍に手を差しのべている。

実家の小沢家は加賀《かが》藩の御用商人をつとめた豪商《ごうしょう》。のち十村役《とむらやく》もつとめた。明治二九年には大火にみまわれ、一〇歳の少女はるは健気《けなげ》に蚊帳《かや》で必要なものを運び出したという。大火や飢饉《ききん》での役割をはるは実体験している。

一五歳のはるの嫁ぎ先・道正《どうしょう》屋馬場家のある東岩瀬は活気に満ちていた。富山と北海道を結んだ北前船《きたまえぶね》は物品の運搬にとどまらず、その仕入れ販売を行う収益性の高い商いの買積船、地元では「バイ船」と呼ばれていた。東岩瀬の御大家《ごたいけ》（五大家）といわれる馬場、米田《よねだ》、森《もり》、宮城《みやぎ》、畠山《はたけやま》のなかでも馬場家は突出した財力、圧倒的な存在感があった。

馬場家は明治一〇年、通久丸《つうきゅうまる》遭難の悲運にあう。通久丸は、はるの舅となる馬場吉次郎《きちじろう》（のちの八代道久《みちひさ》）の所有であった。船主でありかつ直船頭《じきせんどう》であったが、そのときは弟用助《ようすけ》が代理船長をつとめた。七カ月の漂流で二三人の乗組員乗客のうち四人のみ救助された。船頭用助は救助される一〇日前に亡くなっている。サンフランシスコから帰った三人の水夫《かこ》たちの悲惨な漂流体験と活気のあるアメリカの都会をみた驚きの話には八代道久に多く示唆するところがあった。

馬場はる（個人蔵）

八代道久は家業の海運業に加え鉄道会社、金融業にも乗り出した。馬場海運業の躍進は、七代久兵衛《きゅうべえ》の天保《てんぽう》時代からの松《まつ》前《まえ》貿易によるものでもあるが、後を継いだ三男の八代道久の卓越した経営手腕がさらに馬場家を大きくした。大正五年（一九一六）の資産家発表（時事新報社調べ）では、県下一の長者として、馬場道久五〇〇〇万円となっている。この発表のすぐ後、八

旧制富山高等学校

代道久は亡くなっている。舅の八代道久(吉次郎)を亡くして三年後の同八年、夫であった九代道久(大次郎《だいじろう》)が亡くなる。家業と一男三女の子どもたちの養育を一人で背負うことになったはるは、冷静にイギリス製汽船有明丸一隻で、長男正治《まさはる》の成長を待ち、守《しゅ》成《せい》に徹することにした。

その守成のなかで、舅八代道久のもとで見聞きした日々の思いや、夫の意志をくみとり、時代のうねりのなか、はるは家族と家業を守り、そして有効な資金利用の決断をした。親族・有識者との家族会議をへて富山の教育と文化を生み出す行動がはじまった。このとき三七歳であった。

はるは大正一二年(一九二三)五月一五日(夫の命日)に、七年制旧制富山高等学校の設立の寄付金を申出る。同一三年に実現し、閉校の昭和二五年(一九五〇)までの間に、三七九八人の卒業生を輩出している。

七年制という中・高一貫した教育のできる学校は少なく、また県立七年制の構想は全国に例のないことであった。富山県には上級学校として薬学専門学校一校があるのみであった。寄付に対して、女学校の建設かと富山県側は思ったが、はるの意志は、富山では優秀な学生が下宿代などの経済的理由で学問の道を断念することが多く、そのためにも優秀な学生を集める学校の建設を要望した。それが、常にそばで仕えてきた舅や夫からの強いメッセージでもあった。

南日恒太郎と「ヘルン文庫」

七年制旧制富山高等学校初代校長に「英語の南日《なんにち》」として全国に名を知られた南日恒太郎《つねたろう》を迎える。学習院教授として、独学から検定試験で無学閥の二〇年間の勤めを終え、故郷の富山市長江《ながえ》へ帰ることにしていた、その大正一二年に設立開校予定の七年制富山高等学校初代校長の就任を承諾する。学校の認可は一〇月におり、翌月の一一月辞令をもらう。

辞令をもらう直前の一一月一六日、小泉八雲の教え子で南日の実弟、英文学者の田部隆次《たなべりゅうじ》から、九月の関東大震災の直後からハーンの蔵書を安全な場所へ移し、永存をはかりたいというセツ夫人の希望を聞き知った。その話を聞いた翌朝、田部をたずね、「昨夜は眠れなかった。ハーンの蔵書は富山高校に譲って欲しい。富山にあれば学者も多く訪ずれ、富山を文化の中心にする一役を果たす」と依頼した。もう一人の実弟、英文学者で山岳紀行作家の田部重治《じゅうじ》は「校長の職務につくと、兄の責任観念が烈しく動き、ヘルン文庫を買い入れるときの元気はすさまじいものであった。兄はヘルン文庫が売物になって他に買手がついていることを聞いても、自己の一存で買い取る事を決心していた」と述べた。幸い富山県知事を通じて、はるにヘルン文庫の必要を

南日恒太郎

述べ、開校記念として寄贈がかなえられた。小泉八雲は「へるん」印をつくり、日本では「ヘルンさん」と呼び親しまれたことから「ヘルン文庫」となった。南日は蔵書目録の序文に「この文庫が教官、生徒共々に、ピエリアの泉(ギリシャの詩文芸術の女神たちの泉)たらんことを!」と記した。南日は岩瀬浜海水浴中の昭和三年(一九二八)七月急逝した。四七歳であった。

ヘルン文庫は富山空襲の際も引越しにより守られ、新制大学へ移行してからも、小泉八雲にゆかりのない富山にあるよりはという、松江市からの購入依頼にも、丁重に断わり、南日校長の心を受取り、大切に活用されている。

モダニズム建築家吉田鉄郎と馬場家の建築群

復元された東京駅丸《まる》の内《うち》口を出ると、左手に白いタイルの旧東京中央郵便局がある。旧局舎のうしろに高層のJPタワー(通称KITTE)が平成二五年(二〇一三)三月、新しい観光スポットとして立ちあがった。旧東京中央郵便局は昭和六年(一九三一)竣工、吉田《よしだ》鉄郎《てつろう》の設計である。

吉田鉄郎(個人蔵)

富山県福野《ふくの》町(現南砺《なんと》市)の五島《ごとう》家の三男鉄郎は、旧制高岡《たかおか》中学校・旧制第四高等学校・東京帝国大学建築学科をへて、逓信《ていしん》省営繕課の技師として多くの建築に関わる。卒業後、戸出《といで》(現高岡市)出身の吉田芳江《よしえ》と結婚、吉田姓となる。逓信省時代は、検見川《けみがわ》無線所、京都中央電信局、東京中央郵便局、大阪中央郵便局の設計、また、別府《べっぷ》市公会堂、北陸銀行の支店も手がけた。また大正一五年（一九二六）から昭和一五年にかけて馬場家の一男三女の子どもたちの居宅の設計をしている。代表作となっている牛込若宮《うしごめわかみや》町の旧馬場家本邸（最高裁長官公邸）の日本家屋がある。これらの居宅のうち、熱海《あたみ》別邸は解体され、東岩瀬での復元が待たれ、洋館建ての旧烏《からす》山《やま》別邸は美しく清冽な姿を残している。

はるは、富山の若者たちの飛翔を願い、育英資金を惜しまずそそいでいる。その思いは若い建築家にも向けられた。実姉かねの嫁ぎ先が、吉田鉄郎の実家五島家の近所の山田正年《やまだまさとし》（酒造業、町長、衆議院議員）であったことも大きい。山田家と五島家は縁戚関係であった。

旧福野町を歩くと、吉田鉄郎の作品として巌浄閣《がんじょうかく》にある旧県立福野農学校の鳥瞰図《ちょうかんず》、卒業後最初の設計による西方寺《さいほうじ》の授眼蔵《じゅげんぞう》図書館、五島家の墓、山田家の木造二階建をみることができる。

吉田鉄郎のドイツ語による著書『日本の建築』『日本の住宅』『日本の庭園』の三部作は有名である。「平凡な建物を沢山建てましたよ」という彼の言葉がある。

女性初の名誉市民

北前船の富の還元として、教育にいかしたいという強い意志のもと、七年制富山高等学校の設立（東岩瀬の結束力）――初代校長南日恒太郎の着任――「ヘルン文庫」（小泉八雲蔵書の購入・南日三兄弟の熱意）の流れをみるとき、多くの人材が育てられ、教育と文化に寄与し、その人びとからバトンを受けた富山の人材は広がりをみせていく。
旧制富山高等学校の校舎解体の前年、昭和三六年（一九六一）に撮影されたフイルムに、和服姿のはるが、しっかりした足運びで校舎の内外を富山大学教授植木《うえき》忠夫《ただお》に案内されている一こまがある。白髪を束ねた細身の姿には凛とした風格があった。同年、馬場はるは富山市の女性初の名誉市民となった。同四六年五月、八五歳で没した。

晩年の馬場はる（個人蔵）

馬場記念公園（富山市蓮《はす》町）には旧制富山高等学校記念碑、馬場はる刀自《とじ》胸像（山瀬晋吾《やませしんご》作）、南日恒太郎初代校長胸像（朝倉文夫《あさくらふみお》作）、「ヘルン文庫跡」記念碑がある。

（大村歌子）

三　昭和初期の富山都市計画事業

富山県の県庁所在地富山市は人口約四二万人の県内第一の都市である。この富山の町で大正から昭和にかけて大きな土木事業が集中的に行われ、現在の富山市の中心市街地の骨格ができあがった。

治水問題と神通川改修事業

富山市は常願寺《じょうがんじ》川と神通《じんづう》川の二大河川が貫流している。市街東部の常願寺川は、明治期のヨハネス＝デ＝レイケの計画に基づく河川改修事業と、上流の土砂崩壊地における県、さらに国（内務省）による立山《たてやま》砂防事業により治水のめどが立とうとしていた。

市街西部の神通川は、明治期に県史に残る大洪水が二四回を数えるほどの暴れ川で、明治三四年（一九〇一）からの第二次改修事業では、デ＝レイケの構想に基づき、市内中心で蛇行する区間を西側に付替え、新河道（馳越《はせこし》線）を建設した。しかし、大正三年（一九一四）に六八〇〇戸を超える家屋の浸水被害が出たため、同七年に内務省による第三次改修事業がはじまり、川幅の拡幅、堤防の築造などが行われた。河口部に北前船《きたまえぶね》でにぎわう東岩瀬《ひがしいわせ》港があったが、馳越線工事以後は上流から流下する土砂で港内が埋まり、大型汽船が接岸不能になった。この問題を抜本的に解決するため、河口近くで神通川を西側に付替え、川と港を分離した。河川改修計画を二度にわたり変更することとなったが、今も昔もいったん決まった公共事業を変更するのは容易ではない。この計画変更を求めて奔走したのが東岩瀬町長もつとめた米田《よねだ》元吉郎《もときちろう》であり、改修計画の二度目の変更を行い、事業を推進したのは内務技師で神通川改修事務所主任（今の事務所長）の高橋《たかはし》嘉一郎《かいちろう》である。仙台市出身の高橋は東京帝国大学土木科卒業後、内務省に入り、北上《きたかみ》川改修事業に八年間従事したのち富山で一〇年間神通川改修事業に携わり、これをほぼ完成させた。市民から「神通川の高橋さん」と呼ばれるほど地元で慕われたという。

高橋嘉一郎（高橋克男提供）

小池啓吉（小池修二提供）

交通問題と富山大橋改築事業

富山市では、北陸本線、高山《たかやま》本線、富岩《ふがん》鉄道（富山駅—東岩瀬港）、市内の路面電車が、大正後期には完成し、もしくはほぼめどがついていた。また、東岩瀬港は、大正一一年（一九二二）から昭和一〇年（一九三五）まで二期の修築事業により三〇〇〇トン級の船舶が入港可能な近代港湾となった。次は道路、橋梁である。

富山市と西の中心都市高岡《たかおか》市、さらに金沢方面を結ぶ国道一一号（のちの国道八号、現在は県道）は、市街西部において神通川の渡河と呉羽《くれは》山越えという障壁があった。昭和七年（一九三二）から県がはじめた国道改良事業では、呉羽山を切通しで越え、北陸本線と跨線橋《こせんきょう》で立体交差し、全線の拡幅・舗装を行った。神通川には明治四二年（一九〇九）に木造の神通新大橋が架けられていたが、老朽化したため鋼鉄または鉄筋コンクリート製の近代橋に架替える必要に迫られていた。四七〇メートルもの長大橋を橋脚の数をできるだけ少なくして架けるには最新の技術が必要であった。これに応えたのが橋梁技術者小池啓吉《こいけけいきち》である。高岡市出身の小池は東京帝国大学土木科卒業後、東京市役所の橋梁課につとめ、関東大震災後に隅田《すみだ》川に架かる吾妻《あづま》橋や両国《りょうごく》橋、神田《かんだ》川の御茶《おちゃ》の水《みず》橋などを手がけた橋屋である。富山県土木課技師となった小池の指導により建設された新橋はゲルバー型式の鋼鉄橋で、全国トップクラスの径間長（橋脚間の距離）を誇った。富山大橋と命名されたが、西岸の陸軍歩兵連隊に通じる橋であったため、市民から連隊橋と親しまれた。竣工から七六年後の平成二四年(二〇一二)、よる年波には勝てず新しい富山大橋に代を譲った。

都市問題と富山都市計画事業

富山市では明治〜大正にかけて人口および世帯数の増加と工場の立地が進んだが、市街地は旧城《じょう》下《か》時代とあまり変わらず、住宅、商店、工場が混在し、幹線以外は狭く屈曲した街路網のままであった。また、馳越線工事の結果、残された旧河道(廃川地《はいせん》)が駅前地区と市街中心部の連担を妨げていた。個々の街路や廃川地のみを対象とする個別事業では限界があるため、地域全体を対象とする都市計画の実施が待たれた。一方、県内では明治後半から急流河川を利用した電源開発が進み、県はこの豊富で低廉な電力をいかして工業化を進めるため、東岩瀬港の後背地に工場地帯の整備を目論んでいた。三大都市圏への鉄道網がほぼ完成し、神通川の改修が進み、東岩瀬港の整備もみえてきた今、旧城下の町並みや神通川廃川地という、いわば前時代の負の遺産を払拭し、土地利用が整序され体系的な街路網を備えた近代都市へと一新すること、これを実現する方策として登場したのが都市計画である。

大正九年(一九二〇)に施行された都市計画法は、東京市など大都市から順次地方都市へと適用が広げられ、富山市は大正一三年、全国で三二番目の都市として法律の適用が決まった。当時、都市計画は国の事務とされ、内務省の機関である都市計画富山地方委員会が立案し、内務大臣が決定するしくみで、事業の実施は内務大臣の命令または認可を受けて富山県知事または富山県が行うこととなっていた。

昭和三年(一九二八)、当時の富山市および周辺の町村を対象に都市計画を行う範囲(都市計画区域)が定められ、街路、運河、公園、土地区画整理からなる富山都市計画が決定された。

街路は、三五路線、合計約六八キロメートルが定められた。第一等路線として旧富山城正面に位置する大手線と城址の四方を囲む幹線四路線を定め、これを中心に第二等路線の補助幹線を配置し、全体として富山駅南の市街地を格子状の街路網でカバーした。

運河は、東岩瀬港から富山駅北にいたる延長約五キロメートル、幅六一〜四三メートルの水路で、終端部に約五ヘクタールの船溜まりが、中間部に上下流の水位差二・五メートルを調節する中島閘門《なかじまこうもん》が設けられた。河川に平行な運河は珍しく、このためパナマ運河と同じ方式の閘門が必要だった。運河の水は神通川から水路を引いて供給し、最上流部で松川《まつかわ》(現いたち川)との間に牛島《うしじま》閘門(一・二メートルの水位差を調節)を設け、松川上流の市街中心へも舟による物資の運搬を可能とした。

土地区画整理は、廃川地を中心に一一七ヘクタールが定められた。廃川地の土地の区画を整理し、商工業や住宅の市街地を造成するものである。問題は一〇〇万立方メートル以上の埋立て用土砂をどこから調達するかであるが、運河の掘削土砂を利用することが都市計画に定められた。

これらの施設は、昭和三年から都市計画事業として県知事または県により行われ、昭和一〇年に富《ふ》岩《がん》運河と命名された運河と土地区画整理およびこれに関連する街路七路線がほぼ完成した。東岩瀬港の後背地や運河沿川には造船、アルミ、パルプ工場などが立地し、旧神通川は町なかの松川として整備され、桜《さくら》橋、安住《あずみ》橋などの近代的な橋梁が架けられ、廃川跡地には県庁舎や旧制神通中学校（現富山中部高等学校）、電気ビル（旧北陸電力本社）、富山放送局（現ＮＨＫ）などが建設された。

富山都市計画は二つの特色をもっている。一つは、運河と廃川地の埋立て・区画整理を結びつけたことである。実は、廃川地処分は明治末から県と市の懸案事項になっていて、その埋立て造成については都市計画以前にも県、市、民間によりいくつかの計画案が示されたが、いずれも廃川地のみを対象とする計画で、しかも埋立て用の土砂の調達や埋立て後の土地利用と処分に難があったため、実現にいたらなかった。昭和の都市計画では、廃川地を運河の土砂で埋め立てて区画整理を行う案で、それをともに都市計画事業として実施する点に富山都市計画の大きな特色があった。もう一つの優れた点は、街路網、運河、土地区画整理などからなる総合的な都市計画を定め、事業を行ったことである。都市計画本来の姿にかなうもので、同時代の都市計画関係者から計画の総合性が高く評価された。

このように高い評価をえた都市計画を立案したのは、福岡県大牟田《おおむた》市出身の赤司貫一《あかしかんいち》である。赤司は京都帝国大学土木科卒業後、三井《みつい》鉱山をへて四年間、熊本県海面埋築事務所の埋築技師として不知火《しらぬい》海の県営干拓事業に従事した。大正一五年（一九二六）に内務技師として富山に移り一一年間、都市計画富山地方委員会唯一の技師として富山市のほか高岡市など県内の都市計画を立案し、また県都市計画課にも籍を置き、富山都市計画事業の実施にあたった。赤司は前任地での干拓埋立て

赤司貫一（赤司達提供）

と耕地整理の経験をいかし、運河と廃川地区画整理の同時施行を考案したものと推測されている。

桜橋(国登録有形文化財，富山県教育委員会提供)

近代土木遺産

大正から昭和にかけて行われた一連の土木事業により県都富山市の骨格ができあがり、今日にいたっている。かつての暴れ川の跡地は、県庁、市役所、オフィスビルなどが立ち並ぶ都心地区となり、富岩運河は保存整備され、中島閘門は国の重要文化財に、牛島閘門や桜橋は国登録有形文化財になった。

このほか、国指定重要文化財となった常願寺川の白岩《しらいわ》砂防ダム、国登録有形文化財の本宮《ほんぐう》砂防ダム、泥谷《どろたに》砂防ダム群や神通川の笹《ささ》津《づ》橋、最初の県営発電所である上滝《かみだき》、松ノ木《まつのき》、中地山《なかちやま》発電所(現北陸電力)、庄《しょう》川の小牧《こまき》ダムなどが富山県近代化の歩みを物語る学習型観光スポットとして注目されている。また全国的に有名になった富山ライトレールは、かつての富岩鉄道を活用したものである。

このように大正から昭和にかけて建設された土木施設は、現役施設として今の私たちの暮らしや産業を支えるとともに、貴重な土木遺産としてふるさとの歴史を後世に伝えている。

(白井芳樹)

四　新たな観光ストーリー

物語性に人気

立山《たてやま》・黒部《くろべ》などの雄大な自然景観、五箇山《ごかやま》の世界文化遺産・合掌《がっしょう》集落、砺波《となみ》のチューリップフェアや八尾《やつお》のおわら風《かぜ》の盆《ぼん》といったイベントや祭り。富山県の観光資源は多種多様である。年間約一〇〇万人を集める観光地があれば、客数は多くはないが、新たな人気スポットも生まれている。時代の推移とともに観光地のありようも変わってきた。

従来、日本の観光といえば物見遊山が多かった。野や山、海の景観を楽しんだり、あるいは名所・旧跡や祭り、イベントに出かけたりした。現在もその傾向はみられるが、その一方で国民意識の変化とともに観光行動も多様化している。団体旅行が減り、個人やグループなど少人数の旅がふえ、「見る、見せる」型から「学ぶ、体験」型のニーズが増大しているのはそのあらわれであろう。

そのようななかで、歴史、由来、エピソードなどによって観光客が感動や共感を覚え、なにかを学べるような物語(ストーリー)やテーマ性を魅力にしているところがより人を惹きつけている。たとえば、北海道の旭山《あさひやま》動物園、小樽《おたる》の運河などがそうである。埋立てや廃園の危機から再生した観光地だ。みることや体験することに工夫し、それを呼び込みにしただけでなく、そうした物語性を前面に出し、注目されるようになった。また映像や小説などの舞台に描かれると、人気に火がつくことが多い。富山県内でも、映画「黒部の太陽」の黒部ダム、高橋治《たかはしおさむ》の「風の盆恋歌」のおわら風の盆などがそうである。映像や小説のストーリーが人を惹きつけることは確かである。それだけに最近、地域の知られざる歴史やストーリーを観光資源とするところがふえはじめているが、富山県内でストーリー性をもっといかしたいスポットは少なくない。その一つが富山市の富岩《ふがん》運河である。

富岩運河中島閘門（国指定重要文化財，富山県教育委員会提供）

富岩運河の物語

富岩運河はいま環水公園周辺が人気スポットとなっているが、富山駅北と岩瀬《いわせ》を結ぶ運河とその周辺はいくつかのストーリー性をもっている。その一つは歴史である。しかも形成・利用の歴史と再生の二つの歴史物語がある。

運河が建設された遠因は、明治中期に神通《じんづう》川の洪水対策として、オランダ人技師ヨハネス＝デ＝レイケの提案を受けた馳越《はせこし》線工事と、川を直線化したことに始まる。工事によって旧河道は廃川《はいせん》地として残り、都市の発展に大きな障害となったため、富山県は昭和三年（一九二八）に都市計画を決定し、同一〇年に運河を完成させた。運河を掘った土砂で廃川地を埋立てて新市街地を整備する、残る土砂で東《ひがし》岩瀬港を整備する、運河沿いに工場を誘致する、という一石三鳥をねらっての運河建設であった。

東岩瀬港から富山駅北まで約五・一キロメートルの運河の価値を高めたのは、当時の高い土木技術を集めて建設された中島閘門《なかじまこうもん》である。河口から約三キロメートル地点にあり、水位差を二対の扉で調整するパナマ運河方式だが、運河の途中に船を通行させるための閘門を設けたのは、あまり例がないという運河のシンボルといえるものであった。資材運搬ができる水運路ができたことで、周辺地域では工場立地が進んだ。戦後の復興期において多くの工場がこの地域に新たに増設され、市北部工業地帯を形成するなど、富山の工業化に大きな役割を果たした運河であった。

しかし、物流が船運からトラック輸送に変わったことで運河は使われなくなる。汚れ、公害問題も起き、埋立てて道路や公園にする計画が浮上した。しかし昭和五〇年代後半、当時の知事中沖豊《なかおきゆたか》によって、貴重な水辺として保存・整備していく方針に転換、運河は消滅の危機から再生へと変わった。富岩運河環水公園や運河沿いは整備が進み、中島閘門は平成の土木技術により復元、その歴史的価値や保存への取組みが評価され、平成一〇年(一九九八)に国の重要文化財に指定された。水の浄化も行われ、同二一年度からは環水公園から岩瀬を結ぶ遊覧船が運航している。放置、埋立て方針と埋立て中止、保存・整備、新たな活用まで約四〇年の再生物語を抜きに今の富岩運河はない。

豊かな運河の価値

富岩運河の価値は運河単体ではない。岩瀬から富山駅まで、神通川、富岩街道、富岩鉄道(のちにJR富山港線、現在の富山ライトレール)も並行して走る一帯のなかにある。北前船《きたまえぶね》などで栄えた岩瀬の町から富山市の中心市街地へと続くこの周辺には、多くの地域資源がある。工場群だけではない。戦前には蓮《はす》町に資産家馬場《ばば》はるが寄付した旧制富山高等学校、奥田《おくだ》には旧富山薬学専門学校があり、富山県の高等教育の拠点ともいえる地域であったが、旧制富山高等学校の跡地は馬場記念公園となっている。北前船の歴史を伝える岩瀬地域の町並み、あるいは国登録有形文化財・富山市指定有形文化財になっている富山藩十村役《とむらやく》であった竹島《たけしま》家など、富山市北部地域の先人の生活やロマンを残す資源も散在する。運河は人工水路だが、年月をへて多様な動植物が生息していることも大事な資源である。

運河の活用については、さまざまな構想や提言がされている。環水公園のエリアは、今、住民の憩いの場になっている。遊覧船も就航し、ライトレールを利用すれば岩瀬まで回遊できるルートもでき、観光スポットとして着実に進化している。とくに運河と並行して走るライトレールの存在は大きい。利用者の減少が続いていたJR富山港線がLRT（次世代型路面電車システム）として整備、生まれ変わった路線であり、住民の足となっているだけでなく、全国から注目される路線となっているからである。運河をつくった歴史、埋立ての危機からの再生物語、中島閘門あるいは旧制富山高等学校、ライトレールにまつわる話など、運河とその周辺には人を惹きつけるストーリーが少なくないことを感じさせるルートである。

住民が語るストーリー

富岩運河では船のガイド役は地域の人が担っているが、富山県内では住民が語り部となるなど地域が積極的に関わるところも少なくない。

平成二七年(二〇一五)春開業予定の、北陸新幹線黒部宇奈月《くろべうなづき》温泉駅(黒部市)のすぐ近くにある天真《てんしん》寺《じ》境内の松桜閣《しょうおうかく》もそうである。近年、地域住民がNPO法人を立ちあげて観光スポットにしようと取組んでいる。この建物は、明治一六年(一八八三)、石川県から分離独立した富山県の初代県令《けんれい》(現県知事)となり、五年間在任した国重正文《くにしげまさぶみ》が住宅とした私邸で、二階建の数寄屋《すきや》造の楼閣である。国重が転任したのちに下新川《しもにいかわ》郡若栗《わかぐり》村(現黒部市)の豪農西田《にしだ》収三《しゅうぞう》が移築したもので、昭和になって天真寺が購入、回遊式庭園が造成された。平成二三年(二〇一一)には修復工事が行われ、ガイド役は住民が交代でつとめている。観光客の数からいえば、小さなスポットだが、初代県知事の元私邸をうまく活用した物語、地元の人びとの熱い思いが伝わってくる。

松桜閣

観光ストーリーは人や産業、自然、環境などいろんなアプローチがある。海の幸、山の幸にめぐまれた富山ならではの食のストーリーもあろう。歴史もまた重要なその一つである。どのような地域やイベントでも歴史に基づくストーリーがあり、それを観光の柱にしている観光地も少なくない。万葉の史跡、国宝瑞龍寺《ずいりゅうじ》、あるいは伝統的な町並みなどがある高岡《たかおか》は、歴史都市をキャッチフレーズにし、小矢部《おやべ》市は古《いにしえ》の源平合戦《げんぺいかっせん》の木曽《きそ》義仲《よしなか》、巴御前《ともえごぜん》を前面に打出すなど各地で歴史観光の取組みが展開されているが、近代史を舞台にした物語ももっといかしたい。

富山県には数多くの近代化遺産がある。平成八年に富山近代史研究会がまとめた『富山県の近代化遺産』(富山県教育委員会編)には、五八件の遺産が載っている。産業、交通、土木などの遺産だが、その後消えてしまったものもあれば、新たにつけ加えたいものもある。それらの遺産はそれぞれにドラマがあり、エピソードがあり、ストーリーとなりうる。たとえば、神通川、常願寺《じょうがんじ》川、黒部川、庄《しょう》川の電源開発は、富山の近代化・産業化に大きく貢献したが、どのような経緯でつくられたのか、どのような厳しい自然のなかでつくられたのか、産業や生活とどう関わったのか、それぞれの発電所、ダム建設にはそれぞれのストーリーがある。鉄道にしても、現存する鉄軌道、廃線跡、木造駅舎などに地域の発展や拠点となってきた物語がある。それらを積極的にいかしたい。

建造物ばかりではない。宇奈月温泉から少し離れた宇奈月ダム湖畔に、「宇奈月温泉木管《もっかん》事件の碑」という記念碑がある。開湯してまもない昭和初期、引湯管の土地使用をめぐる訴訟で、大審院《だいしんいん》が「権利の濫用を許さない」という判決を初めてくだした事件である。戦後の民法に「権利の濫用の禁止」の原則が成文化されるきっかけとなった訴訟として知られ、多くの判例集に掲載され、テレビドラマにも登場した。法学を専攻する学生や研究者をはじめ、事件の跡地をたずねて宇奈月に訪れる人が今なお少なくない。事件の背景、経緯、宇奈月温泉の開湯当時の状況など知りたいストーリーがあるからだろう。

近代の富山県を舞台にした事件や出来事といえば、米騒動《こめそうどう》、戦時下に言論弾圧のきっかけとなった泊《とまり》事件（横浜事件）、あるいは神通川のイタイイタイ病をはじめとする公害などが有名だが、大型のストーリーだけでなく小さなストーリーを数多く掘り起こすことで、多様な観光ニーズに応えることになる。また、それらを組みあわせることによって新たな観光コースを生み出すこともできよう。もちろんそうした観光ストーリーをいかすには、地域の住民の積極的な関わりが必要である。

（河田　稔）

五　近代化遺産の掘り起こし

富山の近代化

置県以来一三〇年のなかで富山県を築いてきた人びとの情熱と英知と努力は、さまざまな「近代化遺産」をとおして今に伝わってくる。この間、県民は、厳しい自然とたたかいながら農業立県をめざし、さらに工業立県に転化し、太平洋戦争下には日本海側で屈指の工業地帯にまで成長させた変貌ぶりは、まさに近代日本の縮図といえよう。これらの近代化にかけた先人たちの労苦を、近代化遺産の歴史的価値をとおして再確認し、遺産の概要に歴史的意義を付加して遺産同士を有機的に関連づけながら広くとらえて紹介していかなければならない。

高井進《たかいすすむ》は、富山県の近代化を明治期の治水事業、大正期の水力発電事業、そして戦前の富岩《ふがん》運河と港湾工事を機に展開されたとしている。県をあげての取組みにより、大正一〇年(一九二一)には、農業と工業の生産高が逆転して農業県から工業県へ。工業生産高は、昭和に入り、福井・石川を抜き、また、人口流出県から流入県になった。工業生産総額の伸び率は、戦時下の昭和一七年(一九四二)には同一四年比で二・〇〇と全国平均一・二九を大きく上回って(『富山県史近代統計図表』)第一位となり、日本海側屈指の工業県にまで成長し、今日の富山の礎ができあがった。

明治期の治水

明治期の富山県は農業立県をめざした。自然条件は、農業にとって厳しいが、反面、豊かな水と登熟期の高温、開花期の風と、稲作に適した環境をもたらし水稲栽培を唯一の産業としてきた。今でも良質の種籾生産地として全国流通種籾の多くを占める。

立山《たてやま》一帯では、年間降水量が四〇〇〇ミリを超すともいわれ、七本の大河川となって一気に富山湾へ流込む。それらは急勾配な複合扇状地を形成し、水稲単作農業は、古来、用水の確保と氾濫との闘いの連続であった。それを保障するためにも明治期に農業立県をめざした富山において、農業水利を土台においた治水は最優先課題であった。それが分県運動を起こし、置県をもたらした。

とりわけ、安政《あんせい》五年(一八五八)の飛越《ひえつ》大地震で大洪水を起こした常願寺《じょうがんじ》川は、富山市街を水害から守る「治水」の重要河川となった。明治期、常願寺川の治水のため本県を訪れたオランダ人土木技師ヨハネス＝デ＝レイケにより、三つの治水工事が行われた。まず、一点目は、常願寺川を白岩《しらいわ》川から分離し、直線化する工事である。二点目は、霞堤《かすみてい》の改良と川幅の拡張である。霞堤は、堤防を下流に向かって「ハ」の字に設置し、洪水時の水勢を逃すための遊水池を設け、破堤《はてい》や溢水《いっすい》防止をはかるものである。三点目は、用水取水口の改善である。各用水ごとに堤防に水量調節の閘門《こうもん》を穿《うが》ち、本流から導水していたため、洪水になるとこの取水口から破堤した。そこで取水口を一カ所にまとめる合口《ごうくち》化を行った。明治二五年(一八九二)、左岸では用水ごとに設けていた六カ所の取入口を大川寺《だいせんじ》裏の鷹泊《たかどまり》に穿った隧道《ずいどう》一カ所にまとめ、導水した。常西《じょうさい》合口用水の誕生である。やがて、同三九年から治山事業も県により着手され進展していった。一方、常願寺川第一や牛ヶ首《うしがくび》用水の五平定《ごへいじょう》・成子《なるこ》・四ツ屋《よや》・成子第二・下井沢《しもいさわ》・薄島《うすじま》などで、戦前から農業用水や合口用水に小水力発電所が設置され、用水落差の有効活用がはかられてきた。

昭和一一年(一九三六)、富山市街を水害から守る最前線の砂防堰堤《えんてい》として内務省により岡田《おかだ》堰堤の築造に着手したが、戦時下で中断した。戦後、常西・常東《じょうとう》合口用水の一括取水用に農務省が主体となって嵩《かさ》上げした横江《よこえ》堰堤が完成した。ここで取水した用水は、岩峅寺《いわくらじ》裏の「背割《せわり》分水」(「両岸分水工」としての改修工事が平成二〇年(二〇〇八)三月に完成し、多割式比例分水方式で常西対常東が六対四に正確に分水)で公平に分水され、常西合口用水は、左岸連絡水路橋(「豊水橋《ほうすいはし》」)をわたり対岸の上滝《かみだき》発電所に合流されている。

背割分水と横江堰堤の着手をへて、昭和一二年に完成した貯砂量五〇〇万立方メートルと当時東洋一の本宮《ほんぐう》砂防ダム、立山カルデラ砂防博物館と「治水」をテーマにした一連の近代化遺産は、治水との闘いと水稲単作での農業立県をめざす先人の努力を知るうえで重要である。

大正期の水力発電

富山における水力発電の嚆矢《こうし》は、明治三二年(一八九九)の富山電灯の大久保《おおくぼ》発電所であり、北陸初の電気事業用発電所の運転開始となった。大正中期になると工業用電力と家庭用電灯により電力量の需要は伸びていった。浅野総一郎《あさのそういちろう》が、大正五年(一九一六)六月に行ったダム式発電所建設にともなう庄《しょう》川の水利使用許可を県に出願以後、民間人が発起人となって小規模水力発電所があいついで建設された。同一〇年ごろから水力発電量は順調に伸びた。県は東園基光《ひがしぞのもとみつ》知事の呼びかけで県営電気事業に着手し、南富山・粟巣野《あわすの》間二五・一キロメートルの県営鉄道を敷設して、大正一二、一三年(一九二三、二四)に常願寺川水系にあいついで水力発電所を設置した。逓信《ていしん》省電気局編『電気事業要覧』によると、昭和九年(一九三四)には四〇万五五三七キロワットに達し、全国発電量の一二・八パーセントを占め、全国一になり「電力王国」といわれる電力県になった。

なかでも黒部《くろべ》川の開発は近代化の象徴でもあった。黒部川電源開発の発端は、大正八年、高峰譲吉《たかみねじょうきち》が代表取締役であった東洋アルミナム株式会社である。第一次世界大戦は、国内産業に活況をもたらしたが、需要が伸びつつあるアルミニウムは国内生産ができず、すべて輸入に頼っていた。高峰は、アメリカのアルミニウム企業アルコア社から特許権や製造設備の導入を計画し、資本金一〇〇〇万円で東洋アルミナム株式会社を設立したが、大戦後の経済不況と高峰の死により計画は中断した。高峰の計画は、日本電力株式会社に引継がれ、黒部川実地踏査、三日市《みっかいち》―宇奈月《うなづき》間の黒部鉄道の敷設、宇奈月温泉開発などの諸計画が推進された。同一四年には、宇奈月―猫又《ねこまた》間の軌道運転が開始され、昭和九年に赤いフィーレンデール形式の目黒《めぐろ》橋、同一一年一〇月には出力六万五二〇〇キロワットを誇る当時としては最先端のインターナショナルスタイルの黒部川第二発電所が完成した。黒部峡谷入口の山彦《やまびこ》橋も黒薙《くろなぎ》―笹平《ささだいら》間の跡曳《あとびき》橋もスパンドレル・ブレースド・アーチ形式としては現存する国内最古のものである。これらは、昭和九年、国立公園法(昭和六年)に基づき、黒部峡谷が中部山岳国立公園に指定されたこともあり、当時、著名な建築家山口文象《やまぐちぶんぞう》により設計され、黒部峡谷に文化の先端が届いた。峡谷鉄道の車窓から見学できる。

　電力供給体制の確立は、さまざまな工業の誘致に拍車をかけた。それは、労働力の吸収という点で農村に大きく貢献し、高峰譲吉がよく口にした「農工一体化」を大きく前進させた。その一つが綿糸を主体にした綿紡績の進出である。呉羽《くれは》紡績が昭和五年(一九三〇)、富山で操業以来他社も進出、伊藤《いとう》忠《ちゅう》の二代目伊藤忠兵衛《いとうちゅうべえ》による富山紡績井波《いなみ》工場も同六年に創業、近代的紡績工場の操業があいつぐ。就労の面からは、出稼ぎ県から県外より工員がくる工業県への転換をもたらした。富山県は、昭和一〇年代にかけて「紡績時代」といわれる綿紡績が富山の産業を支えた時代があった。富山は、年間をとおして高湿度という綿糸を紡ぐのに最適な自然条件のもと、豊かで安価な電力、豊富な余剰労働力、広い工業用地、豊富な工業用水、普及しつつある鉄道と立地条件は揃っていた。県内の綿紡績は、同二五年には、全県工業生産額の四五パーセントも占めるほど盛んになった。

昭和戦前期の運河の開削と港湾整備

産業革命は、蒸気機関の改良による動力革命であった。この変化により、港や都市部への工場の集中が可能になった。それをさらに発展させたのが大量輸送・高速輸送時代の幕開けであり、蒸気機関車や蒸気船の発明がその役を担った。富山でも工業化の波とともにその基盤として鉄道および港湾整備が進められた。

そのようななか、東岩瀬《ひがしいわせ》港の修築の意義は大きい。東岩瀬湊は、万治《まんじ》年間(一六五八〜六一)の神通《じんづう》川の洪水で河口港として発展してきた西《にし》岩瀬湊から港の機能が東岩瀬湊に移行したことにはじまる。大正一五年(一九二六)、河口港としての機能を充実させるため、神通川の河口と港を分離させ、河道を西に移す河口変更工事を実施し、現在の港ができあがった。

まず、明治三四年(一九〇一)から富山市街を神通川の水害から守るため河道の直線化工事、神通川馳越《はせこし》工事が行われた。富山県は、約一一〇ヘクタールにおよぶ神通川廃川《はいせん》地(現在の松川《まつかわ》は旧河道の右岸を流れている)の埋立てと富山港修築工事用土砂を確保するため、都市計画事業として、富山港と富山駅北を結ぶ延長約四・七六キロメートルの運河を掘削することとし、昭和五年(一九三〇)に着工し、同一〇年に完成させた。これにより、水運はもちろん、広大な工業用地、豊富な労働力、安価で豊かな電力、富山駅からの貨物専用鉄道線の敷設と富山港から富山駅までの地域で工業化が発展した。この運河掘削工事に対して昭和大恐慌期に莫大な国費と県費が富山市と周辺町村に投じられたという。高井進は、当時、米一升二〇銭で、一日の労賃が二円、運河のための土木費は二〇〇万円、延べ一〇〇万人の労働力が吸収された勘定になり、まさに「日本版ニューディールの風景を運河に見ることができるように思える」と述べている（平成一〇年五月五日付『北日本新聞』「富岩運河に思う」）。このような分析評価を付与された近代化遺産として富山港・富岩運河（中島閘門《なかじまこうもん》や中島橋、永代橋《えいたいばし》）・牛島《うしじま》閘門・富山駅と一連の施設が整備されて今に残る。

「富岩運河」という運河の建設という点では、県内に前史があった。大正二年（一九一三）一〇月に竣工式をあげた伏木《ふしき》港補強改築工事に続くものである。庄川改修として庄川・小矢部《おやべ》川河口分離工事の一環として行われた。大戦景気に湧く同七年、時の知事井上孝哉《いのうえこうさい》は、浅野総一郎、安田善次郎《やすだぜんじろう》の同意を得て小矢部川河口の伏木港を三〇〇〇トン級汽船を横づけできる港に改修した。伏木港と塚原《つかはら》・能町《のうまち》・野《の》・下関《しもぜき》をへて高岡《たかおか》駅北側とを結ぶ延長六キロメートルの「高伏《こうふく》運河計画」が総工費一〇〇〇万円で計画されたが、井上《いのうえ》知事の神奈川県知事転出で頓挫した。

近代化遺産を観光にいかす

富山の近代化を支えたいわゆる近代化遺産は、県内に数多く残っている。それらをテーマごとに括り、関連づける作業が必要である。テーマに沿って歴史的意義をもたせながら観光資源として富山県のもつ底力を広く紹介し、理解してもらうようにすることが大切である。

（布村　徹）

六　海・里・山をつなぐ

鉄道網と観光

富山県は三方を山に囲まれ、一方は海に面し、その間を川が流れ、平野が広がる地形である。明治・大正時代に活躍した『高岡《たかおか》新報』主筆、井上江花《いのうえこうか》は「海より見たる越中《えっちゅう》」「山より見たる越中」「川より見たる越中」の三部作を著わし、海、山、川それぞれに、歴史、文化、伝説、景観などがあり、利用されてきたことを詳しく紹介し、分析している。井上に指摘されるまでもなく、三〇〇〇メートル級の山、深い峡谷、急流河川、肥沃な平野、そして深海一〇〇〇メートルの富山湾は富山独特の自然環境である。山、海、里(野)それぞれで息づいた営みや祭りや伝統行事、文化、産業、歴史遺産は固有の地域資源である。

近代富山で、これらの地域をいかし、観光を促進したのは鉄道であった。鉄道の発達により遠くまで遊覧や行楽にでかけることができるようになり、観光地開発の役割も担った。交通機関の整備は人、モノの移動を活発にする。地域と地域をつなぎ、広域化が進む。観光というより産業の発展、県民生活の利便性など、富山県の近代化すべてに大きく影響した。

北陸本線が西から延びて富山まで開通したのは明治三二年(一八九九)であったが、全線開通したのは大正二年(一九一三)である。富山駅開業から直江津《なおえつ》で信越《しんえつ》線と合流するまでに一三年の歳月を要し、太平洋側の鉄道網整備に比べてかなり遅かった。それでも、富山県内で東西を結ぶ国鉄の基幹鉄道が完成するとともに、民営の鉄道建設も始まった。

それは富山の工業化とそれを支えた電源開発とあいまって急速に進み、富山市営鉄道、富山県営鉄道、富南《ふなん》鉄道、富岩《ふがん》鉄道、立山《たてやま》鉄道、黒部《くろべ》鉄道、越中鉄道、加越《かえつ》鉄道など、公営、民営の鉄道の建設があいついだ。それらは沿線の産業の進展、地域間の交流を促進させ、行楽地やイベント、祭りにでかける人びとの足となった。富山県営鉄道は立山への登山者を運び、宇奈月《うなづき》温泉を発展させたのは黒部鉄道であった。

富山県一市街化

そうしたなかで「富山県一市街化」という構想を掲げたのが、実業家でのちに衆議院議員となる佐伯《さえき》宗義《むねよし》である。この構想は、行政的に合併するということではなく、どこに住んでいようと、そこから働く場に自由に通えるようにするというものであった。具体的には、県庁所在地である富山市から放射状に電車を走らせ、片道一時間で往復できる交通圏の建設をめざすものであったが、昭和五年（一九三〇）に富山電気鉄道を創業、まず富山―上市《かみいち》間を開通させたのち、国鉄北陸本線と一部並行する形で三日市《みっかいち》（黒部市）まで開通させ、その一方で富南鉄道、富岩鉄道との合併も進めた。さらに戦時体制のもと、鉄軌道やバス会社の整理統合が進められるなか、同一八年一月、県内の公営・私営の鉄軌道会社が統合し、富山地方鉄道が設立された。海陸一貫輸送という戦時要請で、先に合併していた富岩鉄道は半年後逆に国営に移管されたものの、富山電気鉄道を母体にした統合会社は本線（旧富山電鉄線全部、電鉄富山・西三日市〈現電鉄黒部〉）、黒部線（旧黒部鉄道、三日市〈現黒部〉・宇奈月〈現宇奈月温泉〉）、立山線（旧電鉄富南線と県営鉄道、日本発送電鉄道、電鉄富山・粟巣野《あわすの》）、射水《いみず》線（旧越中鉄道、新富山・新湊《しんみなと》、昭和五六年四月廃止）、加越線（旧加越鉄道、青島《あおしま》・石動《いするぎ》）、市内軌道線（旧富山市営指導）という名称で運行された。北陸本線、高山《たかやま》本線、氷見《ひみ》線、城端《じょうはな》線の国鉄とともに民間鉄道網の一体化で「富山県一市街化」構想は進んだ。

その構想の中心であった富山市は昭和二〇年の空襲で被害を受けるものの、県内の鉄道網は戦後、笹津《ささづ》線などがつくられ、県西部でも加越能《かえつのう》鉄道が設立され、鉄道、バス路線が再編・整備された。その後、モータリゼーションの進展で鉄道は廃線になる路線もあったが、その半面で道路整備なども進み、交通網は広がり、広域化した。

富山県は、南には山、北には海、その間に平野部（里）がある東西約一〇〇キロメートルのコンパクトでしかもほぼ中央に富山市が所在している地形である。全県を一時間圏で結ぶのは難しい細長い石川県などと違って、「富山県一市街化」に適した地形にあったともいえるが、電車やバスがとおっていればどこからでも目的地へいけることは、県民の通勤、通学を便利にするだけでなく、身近な行楽や小旅行の機会をふやした。

この「富山県一市街化」構想は交通網の構築だけではなく、都市と農村の格差を解消し、全県一都をめざすものだった。こうした構想は、佐伯の「百万都街郷構想」、衆議院議員正力松太郎《しょうりきまつたろう》の「百万都市構想」の提唱もあったが、県知事吉田實《よしだみのる》は地域の一体化の理念や「野に山に海に」の政策化を掲げた。

「野に山に海に」

昭和三一年(一九五六)県知事になった吉田實は、第二次県勢総合計画(昭和三六~四五年)のなかで、「地域の一体化」の理念を柱の一つとした。県内全域に新しい活力を引起こし、それを地域相互に波及させようとするものだった。そのための政策として、基幹産業を中核とする新工業地帯の造成と工業圏の形成、基幹都市および衛星都市の育成、都市・農村の一体化と新農村の建設、交通網の整備、水資源の総合利用などが掲げられた。この地域の一体化政策と道路の整備などによる交通網の広がりで、観光の広域化も進んだ。

吉田は昭和三四年(一九五九)夏、著書『野に山に海に』を出版、県政の方針として野、山、海それぞれの夢を示した。「野の夢」は連続豊作を続けるための有機農業の推進、「山の夢」は立山地帯の総合開発、「海の夢」は富山新港をつくり臨海工業地帯の造成であった。野、山、海は富山県の三つの地勢をあらわしたものだが、「野に山に海に」は吉田知事の県政運営のキャッチフレーズとなった。

とくに「山の夢」は立山にトンネルを掘り、観光産業道路計画を掲げ、山岳観光ルートをつくろうというものだった。立山の開発構想はそれ以前からあり、昭和二七年第一次富山県総合開発計画に盛込まれ、県が美女平《びじょだいら》から室堂《むろどう》まで道路を建設することにし、佐伯宗義を社長として設立する立山開発鉄道が設立、千寿ヶ原《せんじゅがはら》(現立山駅)―美女平間にケーブルカーを建設した。関西電力のいわゆる黒四《くろよん》建設にともなう大町《おおまち》トンネル、黒部ダム完成に続き、同四四年に立山トンネルが貫通、同四六年立山黒部アルペンルートが全線開通、「山の夢」は実現した。年間約一〇〇万人を集める広域の山岳観光ルートが完成したのである。

広域観光の推進

それまでの観光拠点の多くは「点」であったが、県内の海、里(野)、山の観光資源をつなぐ構想も検討されるようになった。昭和五八年に立山黒部貫光《かんこう》株式会社専務(のち社長、現相談役)金山秀治《かなやまひではる》が提言した山岳(立山・黒部)と海洋(富山湾、能登《のと》)を結ぶ広域観光ルート構想もその一つだ。北陸経済連合会の特別委員会が「富山湾及び湾岸地域開発について」の調査報告書をまとめたが、金山はその素案で提案したものだった。富岩《ふがん》運河を活用し、立山黒部アルペンルートと富山湾、能登を結び、山岳と海洋の大自然をともに満喫できる観光ゾーンの実現をめざすものだった。しかし当時、富岩運河は埋立てる計画になっていたために、提言素案は報告書から削除され、日の目をみなかったが、富山県を代表する海と山の観光をつなぐ先見的な構想だったといえる。富岩運河周辺はこの後再生へと転換し、再整備され、今は富山市の新たな観光スポットとなっているが、海と山のつなぐ観光ルートは富山県の広域観光の一つの視点であった。

「四、〇〇〇m　富山物語」という富山県観光連盟発行のポスターがある。「標高三、〇〇〇m日本の屋根北アルプス立山連峰　五大河川の躍動感満ちた清流が流れる富山平野　神秘の海水深一、〇〇〇mの日本海富山湾この高低差四、〇〇〇mが『富山物語』の舞台」。富山県のもつ地域資源を一つの圏域とする観光戦略であるが、山、里（野）、海を一体とする広域観光ゾーンをめざす動きも展開されるようになった。県東部の滑川《なめりかわ》、魚津《うおづ》、黒部三市と入善《にゅうぜん》、朝日《あさひ》二町による「富山湾・黒部峡谷・越中にいかわ観光圏」などもその例である。この圏域には、蜃気楼《しんきろう》・ホタルイカ・埋没林などで知られる富山湾、中部山岳国立公園の後立山《うしろたてやま》、立山連峰、日本一の清流黒部川とそれに築かれた黒部峡谷、日本一の河床勾配を誇る早月《はやつき》川、片貝《かたかい》川などの急流河川群、扇状地の扇端部でみられる湧水群や富山湾の深層水などの水資源がある。縄文《じょうもん》、中世・戦国の史跡、あるいは近代遺産など数多くの歴史文化がある。これらの地域資源を圏域として連携し、その魅力を発信しようというものだ。

「四、〇〇〇ｍ　富山物語」ポスター
（〈社〉富山県観光連盟）

　富山県内には多様な観光資源がある。山岳や海などの大自然もあれば、散居など農村風景、海越しの自然景観、世界遺産の合掌集落などもある。祭りや伝統芸能があり、万葉や藩政《はんせい》時代の歴史遺産、売薬など産業遺産、あるいは海、野、山それぞれの幸などの食観光もある。コンパクトな県だけに、こうした県内の観光拠点をつなぐ広域型観光が増えている。北陸新幹線の開業など今後、高速交通体系が進展するなかで、よりいっそう広域観光が求められる。

（河田　稔）

七　新観光スピリット「富山型おもてなし」の育成

観光ボランティア活動にみる「おもてなし」の現状

訪れた観光客がその土地を愛し、幾度となくまた訪れる、そのような真の観光地を形成するのに欠かせないこととして、迎入れをするもてなしの心があげられる。観光が永続的に地域の産業になりうるのは、観光資源を後世に伝える「宝」としての認識から始まり、住民みずからが観光客を受入れ、つねに発信し続ける力を有するからにほかならない。動員のためのキャンペーンなど、はなやかな施策に目が奪われがちであるが、観光の受入れ面、とりわけ「おもてなし」についてようやくその重要性に衆目が集まるようになった。

富山の有する自然景観や一〇〇年英知を傾け、なしえた近代化の歴史といった、どこにもない資源について、訪れた人に、県民一人ひとりから語りかけが発せられるとしたら、それがすなわちホスピタリティの発露といえよう。

幸いにして、生涯学習など「学ぶ」ことについての県民性は定評のあるところ。さらに進めて、「学ぶ」から「語る」へ一歩意識の踏出しがなされる。それは観光の現場で語ることが日常化することであり、県民こぞって訪れた人びとへ語りかけが発せられるなら、本県らしいもてなしの実現となる。あえてこれを「富山型ホスピタリティ」と呼ぶこととし、その方法について考察したい。

本県のもてなしについてどのような現状にあるのか、その最前線で活動を行っている観光ボランティアの状況をみてみたい。現在、観光ボランティアは富山県観光課調べで四〇団体にのぼる。うち高岡《たか おか》市の観光ボランティア「あいの風」は昭和六〇年(一九八五)の設立、本県でもっとも早くから活動を続けている。その後、平成に入り、富山、砺波《となみ》、魚津《うおづ》、朝日《あさひ》、氷見《ひみ》と県内各地で設立をみ、富山市の「紙ふうせん」も平成四年(一九九二)の立ちあげで、二〇年近くの活動歴となった。

しかしながら、各ボランティア団体とも会員の定着や高齢化といった共通の問題点をかかえているのも現実である。たとえば、先の「紙ふうせん」にみる活動状況は会員数は現在二〇人、うち常時ガイドに出勤できる会員数は半数の約一〇人である。会員の平均年齢は六二歳、代表のキャリアは創立以来の一九年におよぶが、他の会員の経験年数は平均三年と短い。キャリアを重ねながらもなにゆえに定着しないなかで、定着を阻む原因について、そのおもな要因を以下の三点にまとめることができる。

①観光案内業務が不定期である、あるいは要請頻度が少ない。
②業務に対する報酬が期待できない。
③人材育成プログラムが不十分である。

ホスピタリティの最前線を担うとはいえ、その現状はまだ厳しいものがあるといわざるをえない。興味があっても入会に躊躇してしまうのは、①および②に起因することが多い。ガイドに出たときの拘束時間も長く、リタイア以前の働き盛りの参加はまず不可能である。したがって、リタイア後に生きがい形成の一つとして、観光ボランティアの養成講座を受講する方が多くなるが、講座は座学がほとんどで実践をともなったものとはいえない。「語る」ための道筋をどうつけていくか、③の人材育成プログラムが重要となってくる。

NPO法人「富山観光創造会議」の実践

NPO法人富山観光創造会議は、観光視点での中心街再活性化をテーマに、官民有志の勉強会から平成一四年(二〇〇二)にスタートした。構成メンバーは地元観光業者、商店主、地域メディア、行政の関係者も加わり、理事一〇人、個人会員、法人会員数あわせて六〇人の体制で、観光ボランティア養成、まちの駅の延伸、市内めぐりコースづくりなど、精力的に活動を続けている。「紙ふうせん」も同NPOのなかのガイド部会として組込まれ、まちなか観光における実践部門として活動している。

このNPOがユニークなのは、観光ボランティア養成講座を実施しているところ。県市で開催される観光塾などについてはスクール形式のものが多く、そこで入門編を学んだ受講者がこの講座にふたたび参加され、まちの駅など市内めぐりコースにでてガイドの実践の場で「語り」の経験を積んでいる。

講座はあしかけ五年にもなるが、一貫して「薬のコンシェルジュ養成講座」という講座名で運営されている。富山にとって「薬都」としてのアイデンティティは欠かせないという思いからである。「くすりのまち富山」というストーリーのもと、薬そのものや売薬に関して歴史だけでなく、デザインや今日の薬業にいたるまで「薬」について多面的に学び、「語り」にいかしている。

北前船《きたまえぶね》と岩瀬《いわせ》の歴史、近代に入っての売薬資本から金融資本へ、さらには河川改修による市街地の形成などなど、観光客は薬にまつわる歴史ストーリーに耳を傾けてくれる。運河や建造物などの近代化遺産もそのようなストーリーのなかで地域のあるがままの顔として輝きを増してくる。

今日官民問わずカルチャーセンターばやりではあるが、こと観光の語り部に関してその道を拓く講座はみあたらない。先述の行政で実施している講座にしても、外へ出て語るというより名所旧跡、観光施設を学びたいといった動機のほうが依然多い。このNPOの活動は地域の輝きを観光の視点で学ぶことをとおし、NPOなりの「語る現場」づくりの実践といえよう。地道な活動ではあるが「学び」のポテンシャルを語りかけに転換してゆく実践例として、富山型ホスピタリティ形成の第一歩であろう。

「薬のコンシェルジュ養成講座」の積重ねで「学ぶ」こと、「語る」ことの次元の相違を感じることができる。この講座では、毎年積極的に郷土史家を招き薬業の歴史について学んでいる。郷土史家とガイド志望者のコラボレーションにより、観光の現場でガイドをする人が、「観光的学び」をはじめたということでもある。そして、それぞれ案内のなかで、「宝」を自分自身の「思い」でつつみ、薬のまちのストーリーを語っている。城址《じょうし》公園、池田屋安兵衛《いけだややすべえ》商店、島川飴《しまかわあめ》店、松住《まつずみ》ろうそく店、広貫堂《こうかんどう》資料館、梅沢町《うめざわまち》寺院群、いたち川と点在する薬のスポットを物語でつないでいく。これは地域の「宝」としての認識に思い入れ、感情移入といってもいい、それをまとうことによりコミュニケーション豊かな語りを身につけることができた。これがいわば「観光的に学ぶ」ということであり、発信できる語りの醸成ということだ。

「富山型ホスピタリティ」形成のための三ステップ

「観光」は一つの生き方であり、新幹線開業をひかえて「観光」を生業とする生き方への大きな転換点を迎えている。「語る現場」をつくっていくことは観光を生業としていくための大きな一歩である。

ホスピタリティの涵養《かんよう》はまず意図的に「語れる現場」を創造していくことにある。いくらストーリーを身にまとっても、現場が存在しないことには涵養されることはない。観光ボランティアの視点からみると、まだまだコミュニケーションが交わされる地域発のコースは少ない。旅の基本を着地点の魅力におくなら、もっと地元発の魅力を満載したコース設定がなされてもよい。旅の受入れ業者に甘んずるのではなく、地域がさまざまにコースづくりをして訪れる人をもてなすという企画から受入れまで、地域発の旅への積極的な姿勢への転換が求められている。

具体的には、地域の魅力をコースとして旅行商品化する。富山観光創造会議では市民に呼びかけして市内めぐりをしたり、まちの駅の認定活動も行っている。そのような活動のなかから市電を使ってまず寿し店めぐりをするコース、まちの駅参加店で各種体験をするコースなど、つぎつぎまちなか観光のコースが商品化されている。岩瀬《いわせ》の大町《おおまち》通りの散策、富岩《ふがん》運河の水上ラインなども定着して、ツーリストが注目する富山市内めぐりコースがふえた。

観光ボランティアへの活動要請は、代表者への直接の依頼、富山市観光協会からの依頼、市内観光業者からの依頼といったルートがほとんどであり、発注元としては首都圏などの大手旅行代理店が多数を占める。観光ボランティア要請がとみにふえてきたのは富山市内の冬の観光である。大手ツーリストの「カニ、ぶりツアー」や「世界遺産五箇山《ごかやま》のライトアップ」に北前船《きたまえぶね》の岩瀬、薬の池田屋安兵衛商店などといった富山市内めぐりのコースが組込まれ、連日のガイド要請の声がかかるようになった。かつては想像もできなかった冬の観光の出現である。ツーリスト各社がカルチャー志向など多様化する旅行ニーズに応えるため、観光ボランティアを起用するケースが今後も増加するものと思われる。

もう一つ、現場づくりで重要なことは、これも意識的にガイドに実践の場でトレーニングしてもらうことである。先述の様に「学ぶ」と「語る」は次元の異なることであり、座学を何度繰返しても、自分の語りを身につけることはできない。あえていうなら「観光的学び」を旨とした実践的講座の開設が望まれる。県市で実施されている観光起業塾や観光ボランティア講座を基盤にしながら、さらに実践を組込んだガイド養成を官民あげてのプログラムとして実施できないものだろうか。

観光先進地長崎では「長崎さるく」と称した観光誘致キャンペーンを実施している。長崎では市民ガイドの登録が四三〇人にものぼり、有名観光地のみならず、自分の住む町や路地裏なども案内し、好評を博している。九州新幹線開通後、入込数をあやぶまれた当地であったが、このような工夫が功を奏し、一時の落込みを回復する結果となった。まさにガイドによる語りかけの力であろう。

「語る現場」をいかにしてつくるかは、ホスピタリティの富山型を涵養していくことにつながっている。以下に示すのは、「語る現場」をつくるための具体的な提案である。

⑴先導的ガイド集団の養成

観光客との接点で、観光ボランティアが果たす先導的な役割については先述したとおりであるが、現状は冒頭に示した隘路《あいろ》の解決がなされていない。なり手をふやすにはホスピタリティ形成の重要施策として官民あげての戦略が必要である。そのためには、従来の講座からさらに実践をともなうものへ切りかえることにより、「観光的学び」を習得する。一方で、「語る現場」を地域あげての視点でつくっていく。地域発の魅力あるコースを、観光商品として中央への発信を試みたい。大手ツーリストにおいても、食、祭りなど地域と連携したツアー商品がふえている。地域の新しい魅力にあふれた着地型ツアー商品は人とのふれあいがあってこそといえる。

(2) 企業人がガイドをつとめる

今日、近代化遺産を訪れたり、ものづくりの現場を視察するといった産業観光が脚光をあびている。産業観光を実施している企業では、OBが工場視察の解説要員になっている。産業観光はむしろ工場を観光に開放することで、観光客という新しいマーケットを生み出したり、受入れにより社会とのコミュニケーションが生まれ、環境の美化も促進されるなどのメリットも少なくない。新しいマーケットの最前線で企業人と観光客が向かいあうことになる。今まで観光と縁遠いと思われてきたものづくりの現場が、実は観光に一番近い位置にある。

(3) ツーリストインフォメーション……究極のホスピタリティの現場の創造

北陸新幹線開業が目前に迫ってきた。いうまでもなく、新幹線新駅は旅のゲートウェイであり、ホスピタリティの最前線である。ここでの印象が富山の観光の印象を決定づけるといっても過言ではない。県庁所在地のような大きな観光地では、観光に限らない「総合的な案内所」を駅構内に設置している。

重要なのは、「旅」「街」「交通」のオールラウンドかつホスピタリティあふれる総合案内であること。ホテルの予約やオーバードホールのチケット予約、富山らしい食事どころの紹介まで、きめ細かく、懇切な情報センターが待たれる。富山で本格的ツーリストインフォメーションが稼動することになれば、加速度的にホスピタリティの普及がはかられるのではないか。（山下隆司）

八　産業と観光のコラボレーション

産業振興と観光に対する期待と悲観

富山県の産業と観光の結びつきを考えるとき、その原点を竹中邦香《たけなかくにか》が明治一八年（一八八五）ごろに著述した『越中遊覧志《えっちゅう》』にみることができる。彼は越中国内を遊覧しながらも、越中各地の産業の不振が将来、地域の衰退を招くと案じていた。たとえば、洋薬尊重政策により富山売薬の売上が減少することや、鉄道の発達により東海地方の魚が信越《しんえつ》に運ばれ、魚津《うおづ》の漁業が衰退することを恐れた。また、五ケ山地方の蓑《みの》、硝石《しょうせき》生産の機械化の遅れにより経済が沈滞し、過疎化が進むことを心配している。

その後も、富山県の産業と観光は、港湾と鉄道の整備、観光資源を取りまく環境の変化に際し、発展と衰退の岐路に立たされた。そのいくつかの例として、明治二五年、西師意《にしもろもと》は『伏木築港論《ふしき》』で当時川港であった伏木港を日本海の拠点港にするため、早急に整備することを主張した。一方、昭和の初期、伏木港の整備が進むなか、交通政策研究の草分けである細野日出男《ほそのひでお》は、昭和八年(一九三三)、「満蒙《まんもう》開発と日本海商港政策」で日本海側各港を比較し、伏木港は旅客港として飛躍できる天然の位置にないことを理由に、身の丈にあった地方港、貨物港として整備すべきと主張した。結果として、時代を超えた関係者の努力により、平成二三年(二〇一一)一一月、伏木富山港は日本海の対岸諸国との貿易や観光の核となる、日本海側総合拠点港に選定され、勧業と観光に寄与することが期待されることとなった。

富山が誇る自然の観光資源についても、昭和の初期、立山《たてやま》連峰を含む北アルプスが中部山岳国立公園に指定された際、外国人観光客を招致し、地方経済を潤わせよとする期待論と、山小屋などの施設が富山県側に少なく、長野県、岐阜県に多いので富山県は国立公園の裏口になるとの悲観論があった。その後の立山黒部アルペンルートの開通により、この富山側裏口論は払拭されたかにみえるが、黒四《くろよん》ダムは、首都圏からは中央線、長野新幹線によるアプローチが便利なため、長野県側からの入込数が多く、このダムは、長野県にあると誤解している人も多い。

ところで、昭和の初期、富山県は外国からはどのようにみられていたのだろうか。昭和の大不況期だったころ、ドイツからみた富山を紹介する。昭和五年(一九三〇)に出版された日本案内書『Ｊａｐａｎ』は、富山県の各河川の豊富な水力発電と笹津《ささづ》から大阪への三〇五キロメートルの送電線を紹介している。また、日本有数の化学工業製品、薬の産地であり、伏木港は国内の主要港として評価されている。すなわち、富山県は(電力＋工業＋交易)が盛んな地方と認識されていたことになる。

産業と観光資源をあわせもつ富山の強さ

このような歴史的事実を踏まえ、富山県の観光を戦略計画の道具として利用される「SWOT分析」をしてみる。富山県自身が有する観光に貢献する「強み」と障害となる「弱み」、そして、富山県の観光に利する外部環境による「機会」(チャンス)と、障害となる外部からの「脅威」の四項目について要因を特定してみる(表4―2参照)。

この分析から、富山県は過去の政治、行政、軍事、交易の中枢拠点だったことにより、生まれた観光資源は少なく、めぐまれた自然と、近世・近代をとおして、時代に即した新しい技術で産業を育て、そのビジネスモデルを創出してきた地域であることが誇りとなる。売薬業は薬の販売を頂点とし、薬の製造、薬種の調達・流通、加工、包装、生産道具にいたる裾野の広い産業構造となり富山の経済を支えた。近代は、その財力と起業精神から生まれた電源開発と、それを推進するのに必要な鉄道・建設事業および電気を必要とする化学、紡績産業へと連鎖的に発達させた。

つぎに富山がもつ「強み」に関わった人物を書き加えてみる。ここから浮かぶ人物は、富山の光を育み、自然災害を減らし富山を住みやすくし、郷土の光を国内外に紹介してくれた人びとである。このような人物の「志」を理解し、「強み」×「機会」を最大限にいかし、「弱み」×「脅威」をプラスに転じれば富山県の観光振興の方向を見出せるのではないかと考える。

観光事業は、異業種との結びつきを必要とする業際産業である。このような視点で観察すると、富山の強さをいかす観光振興策は、商工業と観光産業のバンドリングである。バンドリングとは、たと

表4－2　富山県の観光のSWOT分析と貢献した歴史上の人物

	好影響(プラス面)	悪影響(マイナス面)
内部環境	Strength　強み ①スケールの大きな自然(黒部，立山，有峰，氷河，また3000mの山と1000mの深海)⇒大伴家持，佐伯有頼，ウエストン，ローエル，大井冷光，田部重治，冠松次郎，宇治長次郎，佐伯宗義 ②日本海側総合拠点港となった伏木富山港を環日本海の中心地としていかす。海の観光資源が未開拓(富山湾周遊，環日本海クルーズなど)⇒国重正文，西師意，藤井能三 ③江戸時代の高岡の産業奨励，売薬業から生まれたビジネス基盤，近代の勤勉な労働力と豊富な水資源・電力による第2次産業が盛況。(ビジネス客を観光へ誘う)⇒前田利長，前田正甫，竹中邦香，高峰譲吉，初代金岡又左衛門，浅野総一郎，井村荒喜，吉田忠雄，竹中政太郎 ④産業観光の資源が豊富 ⑤災害が少ない安心・安全な観光地，防災景観(常願寺川霞堤，立山カルデラ砂防施設など)⇒佐々成政，森山茂，デ＝レイケ，高田雪太郎，赤木正雄，高橋嘉一郎，佐藤助九郎，加藤金次郎 ⑥厳しい風土から生まれた観光資源(合掌造り集落，風の盆，土徳の里)川崎順二，棟方志功	Weakness　弱み ①県民のホスピタリティがたりない(内向き) ②幹線交通機関につながる2次交通網が弱い。運転本数が少なく乗換接続が悪い ③観光で生活の糧をえるという県民の意識が低い。(第2次産業就業者割合全国第1位が影響) ④多くの観光地がターミナル駅(富山，高岡)から遠い ⑤美術館，博物館などが散在し，また，相互の連絡交通網が弱い ⑥観光地の歴史，宗教，自然を物語ることができる人が少ない。郷土の誇りを自慢しない ⑦金沢に比べ政治，文化の中心としての遺産が少ない。金沢に対して分家意識がある
外部環境	Opportunity　機会 ①新幹線の開通により関東，長野－富山の時間短縮による入込数の増加 ②国内外の貿易・観光関係者が日本海側総合拠点港として伏木富山港に注目 ③日本縦貫の動脈を太平洋側と日本海側の2本立てに(三陸，東南海地震対策) ④新幹線開通を利用し，飛越連帯観光を促進する(北関東→富山・高岡→高山，五箇山・白川郷) ⑤新幹線開通は東北－富山を近くする。北陸と東北との交易が促進される	Threat　脅威 ①東京と観光都市金沢の時間短縮により富山は通過駅となる ②大阪発の北陸本線特急の金沢以東打切り(関西圏から疎遠になる) ③新幹線開通後の在来線の衰退により地方観光地が寂れる ④観光立県，石川・長野に挟み撃ちされる ⑤全国的に観光県としての知名度が低い

えばパソコンとソフトをセットにして販売するような手法で、売る側は売上と利益の増加となり、また、買う側にとっては付加価値を高めた買い物となる。「ビジネス」と「観光」のバンドリングは富山の魅力と産業の活力を倍加させる。商工業、とくに就業率が約三五パーセントと全国第一位の第二次産業と観光をバンドリングするしくみを創造することにより、富山の観光振興の活路があると考えられる。

観光地としては有名でも、時代にマッチした産業が少ない地域は、人口の減少が著しい。たとえば、山陰、東北の小京都を名乗り、経済を観光産業に依存している地方都市は、県外から毎年大勢の観光客が訪れるにも関わらず、人口の減少に歯止めがかからず、第二次産業人口が二〇パーセント程度の都市が多い。このような現象は、地方の活性を観光産業に頼り過ぎることは危険であることを証明している。

白岩砂防ダム(国指定重要文化財,富山県教育委員会提供)

福沢《ふくざわ》諭吉《ゆきち》は、みずから創刊した『時事新報』に、明治二五年(一八九二)五月一四日、「日本国を楽郷として外客を導き来る可し」と題して、現代の観光のあり方を示唆する論説を掲載している。大意は「パリの市人は常に外客の歓心を買うの一事に意を用いる。そして、名所旧跡を巡る外客に万物を売り渡す。自国の酒を売るのに英人は樽を売ろうとするが、仏人は客を呼び盃で売る」として、名所旧跡をめぐる観光客にもてなしの心でつくし、自国の産物を販売することで繁栄することの大切さを力説している。これは観光と産業のバンドリングが地方の繁栄に通ずることを予見したものであろう。

近年、産業そのものを観光化する動きや、第一次、第二次、第三次産業をコンパクトに一カ所にまとめた第六次産業なる観光手法もあらわれた。産業観光となる資源は豊富にあるので、何をどのように語るのか、また観光客をどのような流れで誘うのか、観光資源をつなぐ動線の工夫が必要となるであろう。

（貴堂　巖）

九　「新しい公共」の視点を

「観光立県」論に潜む軽薄な風潮

「観光立国推進基本法」により、平成二〇年（二〇〇八）一〇月一日に日本国政府に観光庁が設置された。同基本法では、「観光立国」とは国民経済発展に寄与するものとされている。観光庁は、次の五つの目的を推進するため、都道府県ごとに「観光立県」の施策を具体化するよう呼びかけた。

①地域経済の活性化
②雇用の機会の増大
③健康の増進
④潤いのある豊かな生活環境の創造

⑤国際相互理解の増進

それに応え、富山県では同年一二月二二日に「元気とやま観光振興条例」を制定し、「観光立県」事業を推進している。しかし、平成二三年三月一一日に起こった東日本大震災にともなう福島第一原発事故の風評被害が大きく影響し、全国的にみれば「観光立県」政策は必ずしも思わしい成果がえられていない。その原因の一つとしては、「観光立県」論の基礎になっているツーリズムの理解度の軽薄さ、それに便乗する狭義の観光業界の短期的、微視的な思惑のみが目につき、県民あげての盛りあがりを欠いていることなどがあげられるだろう。

旅行社、ホテル・旅館業界、交通機関で構成される狭義の観光を業務とするビジネスの世界では、国民経済学との関係が探究されているわけではない。「観光立国」「観光立県」論は、国民経済を発展させる指針として、経済学会など伝統的な学術界で認知されていないのが実情である。

日本の観光経済学の貧弱さ

観光事業を一つの産業部門として自立させることで、国民総生産(県民総生産)の向上に、どのように量的、質的に寄与できるのだろうか?

この問いかけに応え、英語圏では経済学の原理論を土台とする基礎研究が地道に積みあげられている。手元に外国から取りよせた洋書が一冊ある。タイトルは、The Economics of Tourism(ツーリズムの経済学)である。巻末の参考文献の欄をみると、六五〇編の関係文献目録がある。海外では、観光経済学は経済学の一部門として存立していることがわかる。

「観光ビジネス」を経済学の学理として理論化するためには、二つのアプローチの仕方がある。つまり、観光という消費者の市場行動に対し、ミクロからとマクロからとの二つの切り口がある。

ミクロ経済学的には、有名なワルラスの価格均衡理論をもとに、観光客の需要と観光サービス業の供給とが、価格帯に応じ、階層的な需給均衡の構造になることが明らかにされている。とくに注目すべきは、観光客が観光に費やす時間は、雇用や契約により金銭的な収入がえられる時間を犠牲にし、収入のえられない非雇用の時間と金銭を消費するので、そこに投下された時間と費用の代償として見合うだけのものを、観光市場の供給側が顧客満足度の高い商品・サービスとして提供できるか、それが問われている。「観光」の現場では、提供する商品・サービスの質とコストが、事業の持続性を確保する生命線となる。日本の場合、観光市場のミクロ経済学分析がきわめて遅れている。

マクロ経済学では、ロシア生まれのアメリカの経済学者レオンチェフが創始した「産業連関表」が論拠として使用される。現代世界では、どの国でもレオンチェフ理論を基礎として国内総生産高（GDP）を算出している。レオンチェフの産業連関表は、すでに公共投資の有意性を主張する権威ある手法となっている。観光庁の「観光」を国策的な産業政策と考える思考法も、このレオンチェフ効果の理論に基づいている。しかしながら、そのために、大きな限界をかかえている。

特定の地域内で観光客が消費した支出（宿泊費、食費、交通費、入場料、お土産代）が、産業と産業との連関を通じ末端まで需要の連鎖を生み、経済効果が波及するという仮定は、たしかに数学的な連鎖効果として算式は成立する。とはいえ、その産業連関の最末端までの波及効果を、数値的に完全に実証することに成功した事例は世界のどこにもないという弱点がある。論理的な推論の世界にとどまっている。

公共投資のインプット総額に見合うアウトプット算出の効果検証は実証的には不能である。たとえば、富山県内では北陸新幹線には三つの新駅ができる。マクロ経済学的には、経済波及効果はコンピュータ上の計算では成立する。しかし、ミクロ経済学的には三つの駅を利用する観光客が、「時間と旅費」というコストを払っても、観光客が満足感を充足できる観光商品・サービスの提供がそこに緻密に張りめぐらされない限り、県民総生産を下から押上げる顕著な効果は期待できない。マクロ経済学の一環としての観光経済学では、財政学の専門家にも、現実の実業の投資家にも、投資を呼込むための十分な説明を準備できない。

このような科学認識を欠いたまま、ただ「おもてなしの心」ですよ、と叫ぶだけで、「観光立県」が可能であると信じられているユートピアに暮らすことにわれわれはすでに慣れ親しんでいる。狭義の「観光」学や、大衆迎合主義の軽薄な風潮のもとでは、「元気とやま」という遠大な目標はとうてい達成されないのである。ミクロ経済学の次元から富山の観光資源のすべて精密に洗出し、時間と空間がクロスする領域で提供できるサービスのテーブルを観光市場に向け緻密に設計する作業が求められる。

儒学における「観光立国」の原義に立ち戻る

富山県政における近世から近代の「歴史」の重層性と、「観光」の哲学原理として振返ると、軽薄なツーリズム論ではなく、儒学《じゅがく》に規範をもつ「観光立国」の古典的な原義が正しく活用されてきたことがわかる。

武士でない階級の人にも『論語《ろんご》』がもっとも熱心に読まれた地域として、近世の越中《えっちゅう》国があげられる。富山藩藩校広徳館《こうとくかん》の版本である『論語集注』は、明治時代になっても読継がれ、民間人の手で増刷されている良質の版本である。地域社会のうちに、『論語』は最良のテクストとして普及していた。それは、加賀藩の藩士が集められていた城下町《じょうかまち》金沢の話ではなく、在郷町と寺院を主体とする近世・近代初期の越中国の豪農層の話である。そこで、『論語』を紐解《ひもと》いてみよう。

葉公《しょうこう》が孔子《こうし》に政治のことを問うた。すると、孔子は「近き者」が喜び、「遠き者」が集まり来たる政治が理想だと応えた。これは『論語』の子路《しろ》篇にある逸話である。ここに観光の原義が隠されている。

「観光」の語の原義は、孔子が研究した「周易《しゅうえき》」の六四の卦《け》の一つ「観」の解釈文にある。最近の中国人学者による原典の現代語訳出は、「国の光を観て、もって王の賓(客)とするに利する」と解されている。つまり、この「観」の卦が出ると、よい政治をしてその地の人民を喜ばせ、その国の為政者の徳を慕い、外から賓客《ひんきゃく》がくるようにしなさい、という占いの教示である。主権者がみずからの政治を深く反省する哲学、それが儒学の根幹である。なお、ある学者は「観光」の語の原義は、「国威を示す」と解釈している。徳による威厳とみれば、それとしては誤りではない。

英語の「ツーリズム」の日本語訳として、「観光」という訳語が基本となった。県民が主人役として、外来の客を迎えるホスピタリズムを基調として、東洋と西欧の双方から基本的な考え方を「観光」という語で統合するのが望ましい。

官選知事の時代に、「観光立県」の基盤が成立

富山県は、太平洋側の産業基盤の比重が高まった結果、明治時代後半期に県内から労働力人口が流出するという深刻な事態に直面した。その事態を大転換させたのが、水力発電事業と豊富で安価な電力を供給することで電気炉、電気分解炉、電磁炉などを使用する金属素材の生産工業の産業集積を実現する工場の誘致に成功したことである。

理科の学習時間に「元素の周期表」を学習された方なら、電気の力で元素と元素とが結合、融合し、あるいは分解する化学現象があることをご存じだろう。異なる金属元素を電炉で分離し、精錬するなどの「電気化学」技術の工業が、富山県の製造業の産業基盤を構築した。純粋な金属と金属を電気炉で融解し、そこに触媒を加え合金を製造する工業技術も、電気の王国である富山県の製造業の得意技である。

元素の電気化学的な反応の輝きを「越中国の光」とすることに成功したのである。それを目にみえる形で、産業観光の事業としたのが昭和一一年(一九三六)の「日満産業大博覧会」である。戦後は、この地方における産業博覧会の開催ノウハウをもつ人材をいかし、製造業の先端技術開発の力が外来客を

呼込み、富山県の観光の本流は産業にあり、産業の基盤を強めるという基本形がつくられた。富山人の近代の「光」は、薬業を含む各種の製造業の展開にあることを意味している。だからこそ、それらをみえる形に開くという企業内部からの、産業博覧会を日常化する取組みが期待される。

民選知事の時代には、IT産業の基盤が確立

富山県では、現在、急速な人口減少が生じ、少子高齢化社会へと向かっている。例外は、舟橋《ふなはし》村である。若く優秀な技術能力をもつ人を惹きつける企業の団地に取囲まれ、生産年齢人口が今後も増加すると推定されている。富山市でも、ライトレール沿線の周辺に限ると、若年人口の減少が生じていない。

舟橋村ではコンピュータの心臓部の演算装置と基盤をつなぐ合金のソケット部分が生産されている。ライトレール沿線では、ソフトウェアの代表的な企業がソフト設計の技術者集団を擁している。

IT産業は、他方で人の単純労働作業を画期的に省く効果をもたらし、官選知事時代につくられた重化学工業の雇用吸収力が失われたため、定型的な作業労働を提供する大量の労働力を、年次的に定量を確保する必要が失われた。

このことは、教育界の土台である社会基盤にも大きな影響をおよぼした。高等学校教育の準義務教育化と、大学進学率の暦年上昇をもたらした。幾多の葛藤を経験したが、保育期の幼児教育にはじまり、小学校、中学校、高等学校の教育に関しては、県内の教育界の達成度は、日本有数の「国の光」と

して全国的に注目される。

富山県内の高卒の就業希望者の正社員採用率は、九〇パーセント台といわれ、全国第一位の達成数値である。また、大学入試のセンター試験の受験者に占める女性の比率も全国第一位である。こうした定量的な教育成果のほかに、独自の郷土史の教育が実施されており、世界史との連関で郷土の光をたしかめる歴史学習にも、観光立県の本義が発揮されている。

こうした教育環境のなかで、県内の主要な企業が展開している産業観光の施策(工場見学)は、産業博覧会の恒常化ともなり、若者の就業の地元志向を高めることにもつながると思われる。

郷土愛の啓発が富山県型「観光」の道すじ

富山県では、狭義の観光産業の収入は、将来の富山県の県民所得の中核要素にはなりえないという算式を前提として、今後の観光と産業のあり方を構想する必要がある。化学、薬品、機械工業、電子工業などの製造業のアウトプットが県民総生産に占める比率の高さでは全国上位一〇位以内にあり、日本海側では唯一の突出した製造業の産業基盤を擁している。

内閣府が発表した平成二二年(二〇一〇)の「一人あたりの県民所得」では、リーマンショックで景気が落込んだ前年と比べ、富山県は第一四位から第八位に驚異的に飛躍している。全国平均が二八七万円、その線を超えたのは、東京都、滋賀県、静岡県、愛知県、茨城県、栃木県、神奈川県、そして富山県(二九〇万円)だけである。これは、「雇用者報酬」、「財産所得」、「企業所得」を人口数で割って算

表4－3　2010年度の1人あたり県民所得（▼は減）

順位	都道府県	所得（万円）	増減率（%）	前年度順位
1	東京	430.6	▼2.0	1
2	滋賀	326.9	5.1	2
3	静岡	310.0	4.4	4
4	愛知	303.5	▼1.2	3
5	茨城	297.8	5.4	7
6	栃木	293.8	4.3	8
7	神奈川	291.0	0.5	5
8	富山	290.0	7.3	14
	全国平均	287.7	1.3	
9	三重	286.3	6.0	15
10	広島	285.0	1.8	9

（『富山県勢要覧』平成24年版）

出された数値である。産業連関表による試算ではなく、一人あたりの県民総所得額という考えによる実数値である（表4―3は『読売新聞』二〇一三年五月三〇日により再編集）。

全国平均を上回った八都県は、関東圏、中京圏と、富山県である。日本海側にある県としては唯一である。隣県の長野県は第二〇位、石川県は第二三位、新潟県は第二五位、岐阜県は第二六位である。近隣県と比較すると、富山県において、「観光立県」論は県民総生産への寄与率の面では無理な議論である。ただし、富山県の第三次産業の県民総生産への寄与率の低さ、国際化の遅れなどは、今後、観光を契機とする産業政策として、すみやかに克服すべき課題である。

立山黒部アルペンルートという観光資源が、「季節限定型」「通過型」という弱点にも象徴されている。五箇山も「通過型」の観光地である。県内各地でさまざまな観光事業を企画展開し、季節限定、通過型の観光地としての富山県の弱点を補正していくことも必要である。観光商品が年間を通じ持続的に提供できないため、狭義の観光産業の経営基盤は弱い。とはいえ、それは観光産業の収入を高めるという経済的な目標とするよりも、世界に市場を広げている県内企業のルーツの地として、国際的な視点からみても、水と空気、食べ物にめぐまれた「美しい日本」を代表する郷土への愛を高めるという精神的な運動の効果により大きな価値を見出すこと、そのような産業クラスターを盛りあげる人材の育成にこそ究極の利があることを意味している。

すなわち、今後、年金受給世代(女性では六〇歳、男性では六五歳以上)の急増現象に対応し、企業での勤務経験を重ねてきた中高年齢層において、郷土の歴史学習により、郷土の再発見を通じた「ホスピタリズム」を意識的に高める自生的な運動の重要性を意味している。その場合、仲良しクラブや、サークル型の無償ボランティアではなく、少なくとも必要経費が循環的に成立つ、持続可能なコミュニティビジネスといわれる非営利法人のレベルに進化させ、たがいに網の目のような連鎖を生み出す方向性が期待される。その場合、行政の力、企業の力、地域の仲間の力、これら三者の力がクロスする「新しい公共」のためのビジネスの領域への理解を深める必要がある。

「新しい公共」の領域を創生する

近年、学術の世界では、「新しい公共」という概念が問題提起されている。「市場機構の弱点を補完する『公共の志』をもって行う様々な取り組み」に注目した提言である。しかし、注意するべきは、この理論はドイツの修正マルクス主義者であるハーバマスの哲学に依拠し、国家権力や行政に対して日常生活空間に住む人びとからの文化として構想されていることである。そこには、官への非協力・不信を強め、下からの反官主義を煽る政治戦略が込められている。したがって、日本では政府・地方自

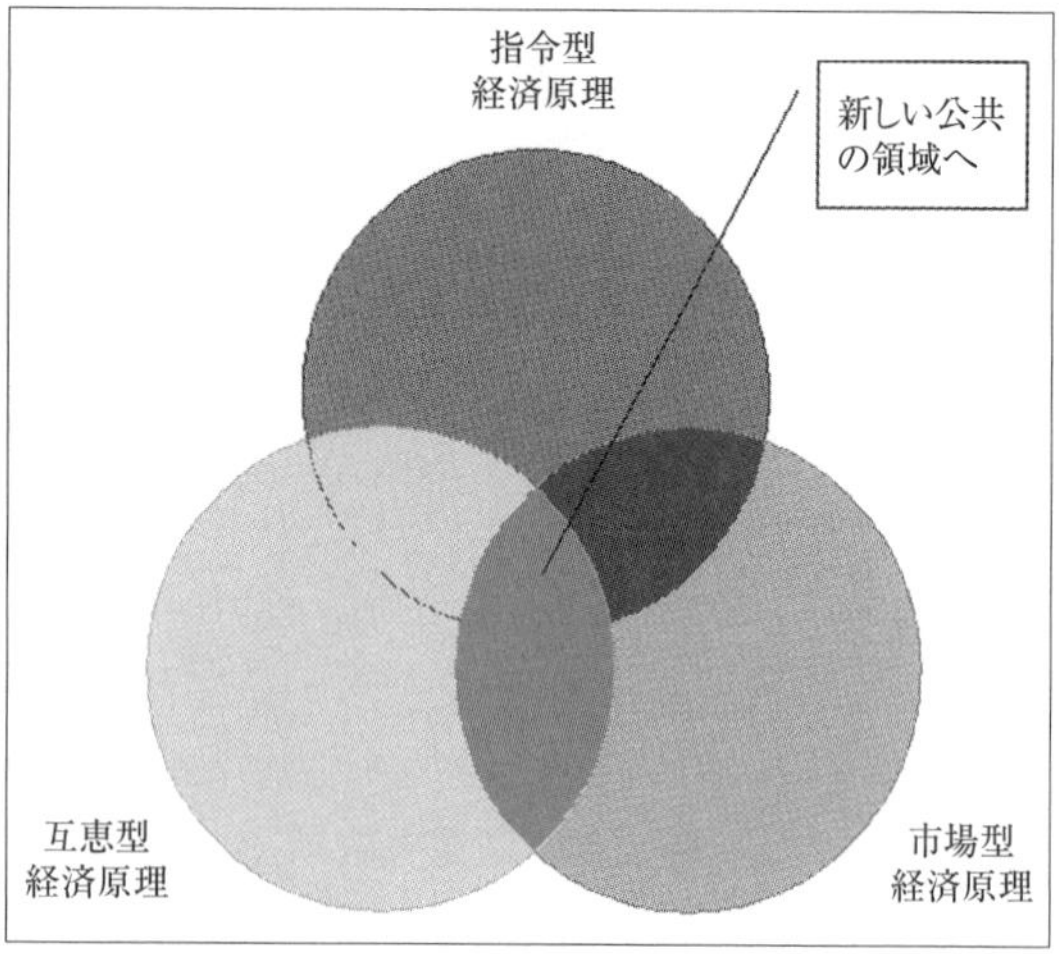

「新しい公共」のイメージ

治体のおよばないところを補完するため、行政の補完役としての「新しい公共」という限定された理解のほうが主流となっている。果たして、こうした旧式の「新しい公共」論は妥当であろうか?

そこで、富山近代史研究会の歩みとその実績に照らして考えてみる。

主権者である県民みずからが身近な地域コミュニティへの「郷土愛」を共通のキーワードとして組織を立ちあげ、行政主導の指令型経済原理の外延で、また、企業が主導する市場型経済原理の外延で、地域密着の血縁・地縁社会の互恵経済原理の外延で、三つの基本的な経済原理がクロスする総体均衡の領域において、「新しい公共」の役割を演じてきたと理論設定できるのではないか、と考えられる(挿図参照)。

富山の近代化を扱った商業ベースの書籍編集、自主シンポジウム開催、県史・町村史の編纂協力などの事業は、行政の外延、商業メディアの外延、そして血縁・地縁社会の外延で、全県を俯瞰する「新しい公共」の姿を体現し、富山の近代化の本質を深めてきたといえるだろう。行政にも、企業にも、地縁社会にも埋没しないで、理念としての「富山の近代」を求めてきた。

観光のホスト側におけるこのような自発の原理は、私から公への橋わたしを志す人びとの心に秘められる「光」のなかに懐胎する。その意味で、小さな地域単位における「新しい公共」理念の担い手として、これからの中高年齢層において、とくに郷土の近代化のストーリー(物語)を外来の賓客に伝えるコミュニティビジネスの可能性を模索することが強く求められる。企業史、産業史、学校史、公民館史……などの次元からの「語り部」の登場が期待される。

富山県は、県域全体が一つの産業博の会場となっている。東西二つの通勤圏が県庁所在地で一つにまとまっている。そのような鳥瞰図《ちょうかんず》が描ける農工が併進する稀な産業社会である。富山県の主要企業は、すでに海外に生産拠点を求め、需要のある外国の消費地に近いところで生産している。製造業の国際化は、狭義の観光業界よりも数段階も進んでいる。国際相互理解を増進するため、本県の狭義の観光事業への取組みが「新しい公共」の領域で活性化したとき、県民が取組む姿勢、それ自体が「県の光」となり、それを徳として外賓が慕い集うことになる。郷土愛という徳が、他者の共感の輪をえて、ようやく観光の原義に近づける。

孔子は説いた、「徳は孤ならず、必ず隣あり」と。


(中村哲夫)

V章　観光富山をめぐって

――座談会

日時：平成二五年四月二九日午後一時三〇分～四時
会場：高志の国文学館
コーディネーター（司会）：浅生幸子
参加者：竹島慎二・須山盛彰・山下隆司・貴堂巖・中村哲夫・河田稔
記録：城岡朋洋

はじめに

浅生幸子　これから観光を中心とした富山の未来について、考えていきたいと思います。本日のコーディネーターをつとめさせていただきます、富山近代史研究会の浅生幸子です。どうぞよろしくお願いします。

この座談会では、今後につながる富山の魅力の再発見、既存の価値の再構築、さらに新たな観光を考えるヒントを議論することで、これまでの章で展開してきた各論にさまざまな方向から光をあて、また今後の観光戦略の導きの糸になるようにしたいと考えています。

会場風景

今、全国あまたの地域で、観光による地域起こしが語られ、熱く論じられています。観光を起爆剤にして地域活性化を、というのは、目新しいものではなくなっています。そこで私たち富山近代史研究会が考える「観光」は、それらとどう違うのか、どう差別化できるのか、その点を明らかにする必要があると思います。

まず、議論するにあたって三つの柱を立てて、進めていきたいと思います。第一は「富山の魅力とは」、第二は「新たな魅力の創造」、第三は

「語り部の力」です。では最初に須山さんから、富山の魅力をおもに自然や景観の面から語っていただければと思います。

一　富山の魅力とは

須山盛彰　富山県には、大変特色ある自然や景観があります。日本のなかでも、あるいは世界に出しても比類のないすばらしい自然や景観がたくさんあります。立山《たてやま》連峰に連なる山々、海、峡谷などはその代表的なものです。しかし富山県民には、それらを当り前のもの、あるいは黙っていても人がくる、という意識があるように思います。立山黒部《くろべ》アルペンルートが整備されても人が通過するだけになっているのではないでしょうか。全体として自然や景観をいかし、観光にお金をかけるという意識が希薄であるといえます。観光と結びつけていくためには、お金・人・知恵が必要であり、われわれの意識そのものを変えていく必要があると考えています。

近年他県では、ジオパークがあいついでできていますが、富山には珍しい地形や地質がかなりあるし、氷河《ひょうが》や鍾乳洞《しょうにゅうどう》も発見されており、富山でも設けるべきだと考えています。もっともっといかせる多彩な資源があるのだから、人びとを滞留させる工夫があってしかるべきです。アメリカのカリフォルニアでは、キャンピングカーで駐車できる広い施設を用意して、人びとが滞留しながら自然に感動し、考える機会をつくっています。参考になりますね。

浅生　あるがままの自然を称賛するだけでなく、魅力的な付加価値をつけて売出していこうということですね。つぎに、貴堂さん、産業面からみた富山の特色についてお話しいただけますか。

貴堂巌　たしかに富山県は自然にめぐまれていますが、時として自然は脅威ともなり、多くの災害も引起こしてきました。富山県の近代の歩みではその脅威をプラスに転じてきた営みがあります。豊富な河川の水をコントロールし、農業や発電、工業などの産業にいかしてきました。まさに「転禍為福」の実行です。その点、全国的にみて富山県は優れていました。昭和五年(一九三〇)にドイツで出版された日本の案内書を見ますと、富山県は重化学工業が盛んな産業都市として紹介されています。富山県の近代の歴史はマイナスをプラスに転じ、産業を盛んにしてきた歴史であるといえます。

また、急流河川の治水ということでは、歴代知事の果たした役割が大きいと思います。初代の富山県知事(県令・官選)の国重正文《くにしげまさぶみ》は、治水、教育、疫病対策などを行いましたが、土木工事の面で意外と知られていないのは、入札制度の整備です。国よりも早く規則を定め、土木工事をスムースに進めていくための基礎をつくりました。

浅生　さて、すばらしくも厳しい自然、それを「転禍為福」の発想によって利活用した起業の数々。それらが今、どうなっているのか、どんな展開をみせているのか、中村さんに語っていただきましょう。

中村哲夫　富山県は、第二次産業のウェイトが高い工業県です。産業全体の総生産額の三二・九パーセントを第二次産業が占めています。この点、石川県や福井県と大きく異なります。このことを踏まえて、富山県の観光を考える必要があると考えます。

最近、第二次産業でも製造業に大きな変化があります。それは在庫生産が減っているということですが、これは富山でしかつくれないものがあり、その注文がきているということにほかなりません。日本や世界のブランドメーカーが、富山の製造業に注目しているということです。富山でしかつくれないもの、煙草《たばこ》のフィルター、飲料水、ファスナーなど富山の製造品がオンリーワンの価値をもっているのです。富山では効率のよい、リスクの少ない、事業の持続性がはかられているのです。また企業側では事業を持続させていくために、地域社会の

理解が必要であり、自然環境への配慮も不可欠ということに気づき、地域に根づこうとしています。

さて、このような現状があるものですから、世界の一流メーカーからも多くの方々が富山県に来られるのですが、「おもてなし」という点では富山は金沢に劣るところがあります。地域社会とともにあろうとする企業が持続していくためには、産業と観光との協調性を高めていく必要があります。それは地域社会そのものの持続性にもつながります。

二　新たな魅力の創造

浅生　三人のみなさんのお話から、厳しいけれどもすばらしい自然環境、世界から注目を集める製造業の基盤。これまで富山と富山県人がもっていたねばり強さ、真面目さ、誠実さに、時代が光をあてつつあると考えてよさそうですね。でも、あいかわらずの「おもてなしべた」「話べた」。これらを観光に結びつけていくためには、どういうことを考えていけばよいか、河田さんお知恵を貸してください。

河田稔　すでにあるものの価値を、再発見することも重要だと思います。かつて富山近代史研究会が調査し、明らかにした近代化遺産もそうですし、移築が検討されている近代美術館などもそうです。近代美術館には、優れた収集品があります。発電所でも、建築的に価値があるものがあります。それらをいかにいかしていくかを考えていかなければなりません。

浅生　本当に、いかし方ですね。本研究会としてはその価値をいかに広めるか、市民にすばらしさを認識してもらうために、語ることが必要になってきますね。文化、史跡、町づくりの面で、なにか先行モデルのような具体的な取組みをあげてもらえませんか。

河田　黒部《くろべ》市の天真寺《てんしんじ》にある松桜閣《しょうおうかく》についてふれますと、北陸新幹線黒部宇奈月《うなづき》温泉駅のすぐ近くにあるので、地域の人びとがなんとか観光資源化しようと、ボランティアガイドの組織をつくり、解説活動をすでに行っています。その解説は、当初は初代富山県令国重正文《くにしげまさぶみ》の私邸の建物であり、移築さ

れて、ここにあるという内容でとどまっていたんですが、実はもっともっと豊かなストーリーがあることが、貴堂さんの研究で明らかとなり、それを入れると全国に発信できるストーリーとなるし、新たな価値を見出すことにつながると思います。まさに、富山近代史研究会の役割がここにありという事例です。

貴堂　たまたま京都大学附属図書館で、木戸孝允《きどたかよし》（桂小五郎《かつらこごろう》）が住んだ京都の旧邸の写真を発見しました。みてすぐに、松桜閣と似通っていると思いました。そこから国重と木戸との関係が気になり調べてみると国重の成長過程で木戸との関わりが大きく影響していることが明らかになりました。木戸との出会いは、坂本《さかもと》龍馬《りょうま》の仲介で入手した大砲の不具合の相談からはじまります。明治四年（一八七一）に国重が京都府に出仕すると、槇村正直《まきむらまさなお》、山本覚馬《やまもとかくま》と交流をもちました。大河ドラマ「八重の桜」にも出てきますね。『木戸孝允日記』には、国重は三三回登場します。それらの資料から、国重は木戸を仰ぎ慕っていたことがわかります。豪雪地帯の富山には珍しい豪奢な数寄屋《すきや》風の松桜閣が木戸の旧邸に似通っているのは、こうした木戸との関わりと関係があるのではないかというのが私の推論です（詳しくは「国重正文と木戸孝允の交詢」『近代史研究』第三六号、富山近代史研究会、二〇一三年、参照）。

浅生　富山県の黒部市の松桜閣に、日本近代史のメインストーリーに絡む物語があるのですね。夢が広がる感じがして、わくわくします。これこそ、歴史研究の進展により、地域の遺産が光り、輝きを増すという好事例ですね。

河田　ほかにもいろいろな物語が、地域にはあると思います。たとえば鉄道の物語。そこには、社会の幸福と地域の未来を鉄道に求め、まちづくりにいかそうとした人びとの物語がある。富山市のライトレールにしてもそうです。その前身の富山港線が敷設されていく社会背景、経済事情、そして廃線やむなしという時代の流れがあったにも関わらず、それがライトレールとして大きく生まれ変わる。富山市のまちづくりのなかで、いかされていく再生物語があります。今あるものを評価するだけではなく、過去にさかのぼって物語を紡ぐことでさらに光り輝くものになる。われわれは、過去の歴史を学び、明らかにし、それを伝えていくことが必要でしょう。

浅生　そのとおりですね。ライトレールでは、富岩《ふがん》運河環水公園、中島閘門《なかじまこうもん》、馬場《ばば》記念公園、岩瀬《いわせ》地区など、富山の近代史の象徴的なものが沿線に数々ありますが、有機的なつながりでとらえる、ネットワーク化するという観点が弱いように思います。馬場記念公園はどのような公園で、馬場はるはどのような女性であったのか、ヘルン文庫の名前を耳にしたことがあっても、それがなぜ富山大学にあるのか、といったことは意外と知られていないですね。「観光」を考えていく場合の歴史ストーリーということで、どなたかご意見はありませんか。

中村　県全体を見わたしたとき、北陸新幹線開業を見据えて少なくても三つのエリア、観光圏で考えていく必要があるように思います。まず黒部宇奈月温泉駅を核とする観光圏、天真寺が一つの要素でしょう。それから富山駅を核とする観光圏、富岩運河環水公園やライトレールをいかすことを考えな

くてはいけないでしょう。もう一つは新高岡駅《しんたかおか》を核とする観光圏、金屋《かなや》町、山町筋《やまちょうすじ》など歴史的な町並みがあります。そこで、それぞれのストーリーを、組立てていけばよいでしょう。

　ちょっと注意しなければならないのは、官選知事の取りあげ方です。その時代の事業は優れた行政マンや地域の実情があってはじめてできることが多いので、知事だけをもちあげるのは適切ではないと思います。

貴堂　もちろんそうですね。常願寺《じょうがんじ》川の改修もヨハネス＝デ＝レイケや高《たか》田雪太郎《たゆきたろう》の役割に富山県人の組織力や技術がともなっていたからできたのです。

浅生　それでは、県都富山市のストーリーをどう描けばよいのか、竹島さん、お願いします。

竹島慎二　やはり昭和初期の富山都市計画を、基本に据えるべきだと思います。都市計画事業の実態を明らかにし、それが現在どのように残され、いかされているか、意外と市民も知らないですね。高等文官たちがきて、高い技術力でつくりあげ、それが現在にもいきている、それをめぐるというのが一つ考えられます。もう一つは、ここに高志《こし》の国文学館ができましたが、すぐ側を流れている市民の憩いの場でもある松《まつ》川なり、いたち川なりには多くの文学的土壌があります。宮本輝《みやもとてる》、源氏鶏太《げんじけいた》、泉《いずみ》鏡花《きょうか》、野村尚吾《のむらしょうご》、小寺菊子《こでらきくこ》ら、あげればきりがありません。富山ならではの文学者の土壌や活動をその時代の背景とともにストーリー化し、発信するというのも一つの案かも知れません。

浅生　「父の罪」や祖母と母の嫁姑の葛藤を書いた小寺菊子らは、まさに富山生まれだからこそ文学者になりえた女性だと思いますね。河田さん、どうぞ。

河田　地域全体の歴史的なストーリーをどう描くか、一体的なストーリーを描いた方がよいと思います。富山県は、どうもいかしきれていないように思います。富岩運河とその周辺の歴史を、一体的にストーリー化していくのがよいと考えています。

浅生　一体的なストーリー化という点では、タウン誌の発行などで、直接観光と関わっておられる山下さんは、どうお考えですか。

山下隆司　私は富山近代史研究会で学びながら、観光ガイドのまねごとみたいなこともやっております。さまざまな研究にふれることで、ガイドをしている自分がいかに断片的なことしか語っていなかったと思うことがあります。先ほど竹島さんがいわれましたが、富山の市街は都市計画事業の遺産を多く残していることは学ばなくてはわからないことですし、わかることにより遺産の価値が高まり、語り方、みえ方が違ってきます。須山さんのつくられた資料「産業樹」(二一二頁参照)をみてもそう思います。富山の産業が売薬の歴史と結びついていることは、過去の歴史を学ぶことではじめてわかります。そういうことからすると、私たちの生活は過去から脈々とつながっており、近代の富山の歴史そのものが観光資源なのではないかと思えてきます。価値がみえてきますと語ることが楽しみにもなってきます。

浅生　そうですね。情熱と夢をもって語るには、地域や対象物をよく知らなくてはなりませんね。深い背景や志、エピソードなどのない語りは、魅力がありません。では、価値を十分知っている語り部、魅力的な語り部を、どうつくっていくのかに話題を移したいと思います。

三　語り部の力

山下　富山市の中心部は、とてもきれいに整備されてきています。茶道具中心の富山市佐藤《さとう》記念美術館があり、県立近代美術館もあり、市のガラス美術館も予定されている。アートの街というのは現実味をおびてきているのではないかと思います。しかし、結局は人の問題ではないでしょうか。ただ、そこに美術品があるだけでは感動は少ない。解説員がいて説明をしてくれる、説明をしてくれる人がいないと価値を高められない。その点、語る人を育てるということがなによりも大事だと思います。よく市民ガイド養成ということがいわれますが、そうではなくて市民すべてがガイドというのが理想ではないでしょうか。そういう道筋、プログラムができればいいと思っています。

　また、物づくりということは、これまで観光と関わりがないように扱われてきましたが、先ほどいいましたように、近代史一〇〇年の歴史そのものが観光資源で価値があるのだから、物づくり県のあり方が観光的価値をもっています。その先兵になるのが企業人、あるいはそのＯＢだと思います。YKKでは吉田《よしだ》記念館でOBの方がトレーニングを受けて解説にあたっておられます。一つの方向性でしょう。

浅生　語り部という点では、高岡《たかおか》が県内でも一歩進んでいるように思います。瑞龍寺《ずいりゅうじ》、金屋《かなや》町、山《やま》町筋《ちょうすじ》、勝興寺《しょうこうじ》など優れた歴史遺産があることと関わっていると思いますが、自分たちの町に自信をもっているように感じます。そのことが語り部を多くしているのでしょう。

中村　富山市は、高岡市に比べ、たしかにストーリー性が弱いような気がします。しかし、近代の歴史や美術館という面からは、ストーリーがつくれる要素がいっぱいあります。高岡もそうですが、もっと面でとらえる、観光圏という発想がどの地域でも必要でしょう。語り部の担い手という問題では、山下さんがいわれたとおり、企業のOBの活用ということが非常に重要です。そのうえで一歩進めて、企業のことだけではなく、地域に根差す企業なのだから、もう少し地域全体の歴史の語り部として成長してもらえればよいと思います。そのためには、養成するしくみを考える必要があると思います。

真に観光を活性化するためには、いわゆる観光業に引きずられていては伸びません。企業が持続的に発展していくためには地域に根差し、パブリックな視点をもつ必要があります。地域は地域の方で、狭い地域ではなく、広めの観光圏という考えでとらえていくことが肝要です。それは少し広めの公共性ということでもあります。県としては三つの観光圏をつなぐということに力をそそぐ、出口・入口の問題を考える、三つの新幹線駅、伏木《ふしき》富山港を核にいかに整備していくか、通過型ではなく滞留型を考えながら、ということがとても重要です。このように地域、企業、行政がそれぞれに一体的に公共性をもつことが新しい公共の考え方で、今後の観光を考えるうえで不可欠な視点だと考えています。一過性ではなく、事業そのものの持続性を考えていくことにもつながります。

竹島　先ほど観光圏の話が出ましたが、地域圏とか観光圏という考え方がたりないことを、私は肌で感じています。ある高校で、生徒や一般の方々を対象とした共学講座「新川《にいかわ》の風土と歴史」というテーマで毎回話をしているのですが、ある回は「朝日《あさひ》町の風土と歴史」、ある回は「魚津《うおづ》の風土と歴史」と続きます。新川地区から広く受講者が集まり、なかには地域のガイドをしておられる方もいるのですが、地元の話では地元の人が熱心に講義を聴き、たくさんの質問もされる。ところが、他の市町村の話になると余り興味を示されない。同じ新川地区で共通の土壌があるのに、知らない、興味がないという傾向が見受けられる。たしかに特定の地域やテーマに関しては知っていても、そこから周辺へのつながり、テーマ的な広がりでとらえておられない。

もう一点は、教育の問題です。県内には地域の観光資源について学習し、情報を発信する技術を学ぶことを目標にする学科のある高校が一校ありますが、そのような学びは富山県民全員が語り部になるといったぐらいにすべての県民にとって必要なことなのではないでしょうか。そのためにも富山近代史研究会員が、語り部養成に関わっていくことを進めたいと考えています。

河田　ガイドに携わっている人たちは、まず自分の住んでいる地域のことを知りたい、伝えたいと思っているはずです。それ自体は大事にしなくてはいけないのですが、今後必要なのは語り部間の連携です。ここは私が担当し、あちらは別の詳しい方に、とバラバラにではなく、スムースに連携できるようなしくみやネットワークを構築していくことです。地元のことを語れる語り部を養成していくことが先決でしょう。

浅生　地域と地域の語り部、地域と企業の語り部の連携が大切だということですね。では、語り部をコーディネートしてうまくつなげていくには、どうすればよいでしょうか。

山下　長崎では、「長崎さるく」という市民ガイドの活動が進んでおり、九州新幹線の開業で長崎は集客が落ちるのではないかといわれていたのが、かえって集客をふやすことにつながっています。三〇〇人を越えるガイド登録があり、幅広い人たちが携わっています。裏路地を歩きながらの解説が人気です。しかも、無償のボランティアではなく有償なのです。持続する秘密かも知れません。この事例は一つの語り部のあり方の真骨頂であり、参考になります。

浅生　長崎の活動は、とても興味深いですね。私も一度いきましたが、ホテルに泊るとカステラ屋さんでカステラ一本が無料だったり、タクシー料金が割引かれたり、路面電車が乗り放題だったり、産業界を巻込んで成功につなげていますね。ちょっとしたお得感が、うれしいおもてなしでした。行政側の仕掛け人がいるような気がします。

貴堂　長野新幹線ができて、善光寺《ぜんこうじ》だけで年間五〇〇〜六〇〇〇万人の観光客がくるようになったといわれています。北陸新幹線が開業したら、その人びとを高岡を中心とした観光圏に呼込むチャンスです。庄《しょう》川筋には目玉となる神社仏閣がたくさんあります。井波《いなみ》、城端《じょうはな》の善徳寺《ぜんとくじ》、伏木の勝興寺、瑞龍寺、金屋町、山町筋、観光資源をあげればきりがありません。これらをストーリーをつくってより魅力あるものにして、人を呼込むようにすればいいと思います。

　アメリカの青年に、日本ではどこに行きたいのかとアンケートをとった資料があるのですが、第一位は神社仏閣です。第二位が富士山《ふじさん》です。

中村　私は、やはり富山という地域のもつ産業構造をもとにして、いかに付加価値をつけていくのかを議論の出発点とし、長野とは違う発想をもつ必要があると考えています。国際観光も視野に入れて考えていくことも必要です。

須山　富山県の観光を考える場合、大きな問題の一つは総合博物館がないということです。語り部の養成ということも、拠点施設があれば解決するところがあります。昭和五〇年代に梅棹忠夫《うめさおただお》さんや上《うえ》山春平《やましゅんぺい》さんを招いて、県が総合博物館の検討を何度もしてきました。立山博物館など専門的な博物館はできましたが、総合博物館はありません。

中村　そうですね。それを真ん中に語り部をつくっていくこともできますね。指令塔にもなります。持続発展可能な社会をいかにつくりあげていくか、観光戦略もその方策ですが、そこに博物館構想も位置づけていくのがよいと思います。必ずしもハードの立派さではなく、人のネットワーク、人材育成という面から考えていったらどうでしょうか。歴史と

観光を考える指令塔づくりですね。自然、産業、教育、芸術、文化すべて含込んでいけます。

竹島　富山県人は不思議な県民性をもっているような気がします。大学時代に、ある県の出身者はとうとうと自分の県の歴史や文化を語っていたのですが、富山県人はどうでしょうか。たしかに知識欲は他県人に比べてもあるように思いますが、語ることが苦手なようです。

河田　富山県人は、知りたいという意欲は相当にもっていると思います。それは特性といっていいものですが、語り部としての資質は十分あるのですから、上手に養成する工夫が必要でしょう。みんなが語り部になれればよいと思います。

山下　知に対する欲求があるのだから、なにかチャネルがあれば変わりうると思います。意図的、戦略的につくっていかなければダメでしょう。待っているだけではダメです。

浅生　この座談会を通じて、富山の観光戦略を考えるうえで、富山のもっているさまざまな魅力に県民自身が気づいていないことが、一つの問題だということが明確になったように思います。と同時に、私ども富山近代史研究会には、歴史遺産の研究をさらに深め、多くの人びとに広める使命があることも明らかになりました。付加価値のついた物語と魅力的な語り部が結びついたら、最強のおもてなし観光文化が誕生します。

残念ながら総合博物館は、まだできておりませんが、この本はオン・ザ・ペーパーの博物館であり、今後の富山県の観光のあり方を考えていくきっかけとなる本だと確信しています。みなさんには、長時間にわたり実りのある議論をどうもありがとうございました。

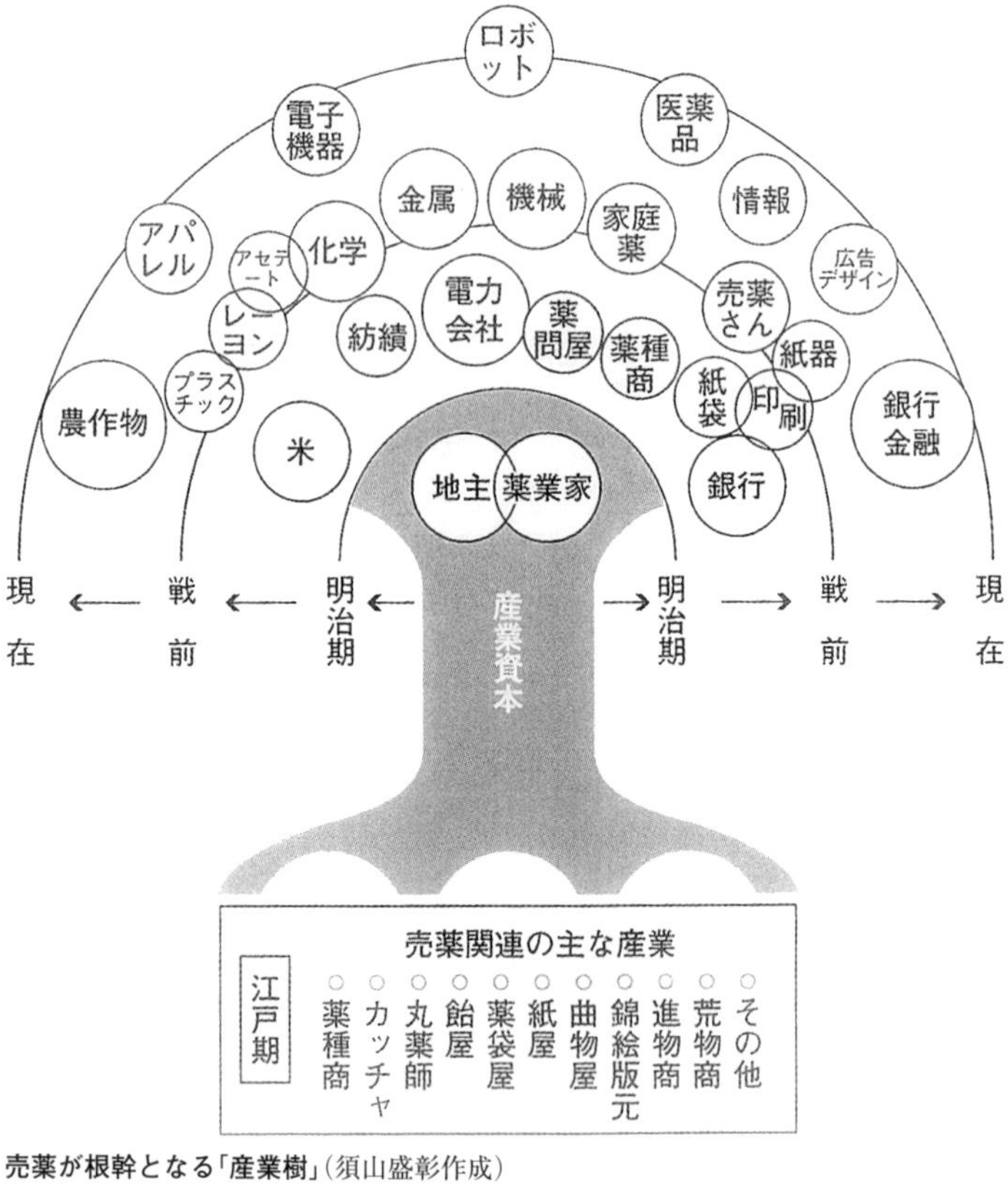

売薬が根幹となる「産業樹」（須山盛彰作成）

あとがき

富山近代史研究会は、おもに近現代史に興味をもつ仲間が集まって情報を交換したり、研究成果を発表したりすることを目的に、昭和五一年(一九七六)七月設立された。結集を呼びかけたのは、前代表の故高井進氏であり、現在の会員数は約六〇名である。年一回の総会と機関誌『近代史研究』の発刊および年一回の公開シンポジウムを開催している。

本書、『歴史と観光―富山近代史の視座―』は、富山近代史研究会が平成二二年(二〇一〇)から三年間継続して行った公開シンポジウムの内容を中心にまとめたものである。本書が生まれるには、いくらかの経緯があった。

事の発端は、平成二一年のシンポジウム終了後、次年度のテーマを設定する話しあいの席上、前記高井前代表が「全員で一つのテーマに取組めないものか」と提案し、そのテーマとして「歴史と観光」が提示されたのである。「観光」という、歴史のテーマになじみにくい、しかも大きなテーマに一同は声を失った。しかし、ちょうど北陸新幹線開通のみとおしが立った時期でもあり、「歴史と観光」のテーマは、茫漠と輝く高い峰のようにも感じられ、全員であたるならばということで、この大テーマに取組むことを了承した。

さて、「歴史」と「観光」、この二大概念のコラボレーションは何を意味し、何を具体的に研究テーマにすればよいのか、会員それぞれは大いに迷ったが、まず五つのグループに分かれ、話しあって身近なテーマから取組むことになった。幾人かは「観光」の意味・概念を調べ、用法の歴史的な変遷を追求した。また幾人かは、展覧会・博覧会の意義やその歴史を明らかにし、広告・宣伝の媒体の特徴やユニークな描法を紹介するものもあった。

平成二二年七月に開催された、シンポジウム「歴史と観光―遊覧から観光へ―」が比較的に好評を博して終了した後、高井氏によってこのシリーズを著作として刊行してはどうかと、新たな目標が提起されたのである。刊本をもつことは皆の願いには違いなかったが、この内容で果たして本ができるかと不安ではあったが突き進むことになった。

シンポジウムは二年次が「歴史と観光Ⅱ―地域の輝き―」、三年次が「歴史と観光Ⅲ―富山県の観光を考える―」で、それぞれ一年次の内容を踏み台にして広げていったのであるが、これで本になるかどうかははなはだ不安であった。三年次のシンポジウムが終わると同時に編集の準備に取りかかり、平成二五年一月には目次と編集方針が示され、改めて執筆に取りかかることになった。

本書『歴史と観光―富山近代史の視座―』の誕生は、予想にたがわず難産だった。それは執筆の緒についた平成二五年三月の高井前代表の急逝というアクシデントがあったということばかりではなく、本来的に内在した問題があったようである。

それは、やはり「歴史と観光」という概念の難しさであろう。本書は、観光の歴史を叙述した本ではもちろんないが、近代富山を叙したものでもない。現に地域が直面している「観光の振興」という問題に対して歴史の重要性を訴えたい、そのために、われわれが研究している近代富山の史実を例にさまざまに示唆を与えようとするのが本書の趣意である。より快適で実りある「観光」をなす、あるいは受入れるためには、歴史に学びその恩恵を取入れることが大切であると私たちは訴えたいのである。

なお、本書は富山の近代史にその事例を求めたのであるが、それは富山に限ったことではなく、どこの県、どこの地域であっても同じことがいえるわけで、それぞれの地域でも試みていただければ幸いである。本書につき、ご意見や感想などがある向きは、発行者のもとへお寄せいただきたい。

最後に、高井前代表が「出版は歴史の山川で」と熱望されていたにも関わらず急逝されたが、その意をくんで引続き私たちに便宜をはかっていただき、出版にこぎつけさせていただいた株式会社山川出版社に感謝申しあげる。

なお、会員の活動を温かく見守り、取材の対応や資料提供などいろいろお世話になった多くの方々に心から感謝申しあげる。

平成二六年三月五日　高井前代表の一周忌に

須山　盛彰

歴史と観光——富山近代史の視座

2014年7月20日　1版1刷印刷
2014年7月30日　1版1刷発行

著　者　富山近代史研究会
発行者　野澤伸平
発行所　株式会社山川出版社
〒101-0047　東京都千代田区内神田1-13-13
電話　03(3293)8131(営業)8134(編集)
振替　00120-9-43993
印刷所　株式会社太平印刷社
製本所　株式会社ブロケード

装幀——菊地信義

ISBN 978-4-634-59078-6
●造本には十分注意しておりますが，万一，落丁・乱丁などがございましたら，
小社営業部宛にお送りください。送料小社負担にてお取り替えいたします。
●定価はカバーに表示してあります。

●執筆者（富山近代史研究会員，五十音順）

■編集委員長

竹島慎二　たけしましんじ（会長）

■編集委員兼執筆者（○は編集責任者）

浅生幸子　あそうゆきこ
尾島志保　おじましほ
○城岡朋洋　しろおかともひろ
須山盛彰　すやまもりあき
平野和子　ひらのかずこ

■執筆者

太田久夫　おおたひさお
大村歌子　おおむらうたこ
金山秀治　かなやまひではる
河田　稔　かわたみのる
貴堂　巌　きどういわお
木本尚志　きもとたかし
近藤浩二　こんどうこうじ
白井芳樹　しらいよしき
中村哲夫　なかむらてつお
温井喜彦　ぬくいよしひこ
布村　徹　ぬのむらとおる
武野有希子　ぶのゆきこ
松井紀夫　まついのりお
宮村光治　みやむらみつはる
山下隆司　やましたたかし

●協力者（敬称略）

富山県教育委員会
富山県立図書館
富山県［立山博物館］
高志の国文学館
富山県立南砺平高等学校
富山市教育委員会
富山市立図書館
富山市郷土博物館
高岡市立中央図書館
入善町立図書館
氷見市立博物館
加越線資料保存会
桂書房
株式会社北日本新聞社
公益社団法人富山県観光連盟
立山黒部貫光株式会社
とうざわ印刷工芸株式会社
富山県呉西地区公共交通再生研究会
大阪市立中央図書館
高井五百子
稲田祐治
稲田伸子
赤司　達
小池修二
高木晴秀
高橋克男
馬場是久
広瀬みき子
松井玖美
山崎友紀恵

付　録

●人名索引

●参考文献

全般

富山県編『富山県史　通史編Ⅴ　近代上』，富山県，1981年
富山県編『富山県史　史料編Ⅶ　近代下』，富山県，1982年
富山県編『富山県史　通史編Ⅶ　現代』，富山県，1983年
富山県編『富山県史　通史編Ⅵ　近代下』，富山県，1984年
深井甚三他編『富山県の歴史』，山川出版社，1997年
富山市史編さん委員会編『富山市史通史』上巻，富山市，1987年
富山市史編さん委員会編『富山市史通史』下巻，富山市，1987年
富山近代史研究会編『とやま近代化ものがたり』，北日本新聞社，1996年
高井進監修『富山県の昭和史』，北日本新聞社，1991年

Ⅰ章

大槻文彦『新編 大言海』，富山房，1982年
上原敬二『日本風景美論』，大日本出版，1943年
国書研究室『補訂版 国書総目録　第二巻』，岩波書店，1989年
堀哲三郎編『高杉晋作全集　下』，新人物往来社，1974年
萩市立明倫小学校編『明倫館の教育』，萩市立明倫小学校，1949年
㈳日本旅行協会『㈳日本旅行協会事業案内』，㈳日本旅行協会，1936年
石川県編『石川県史　現代編２』，石川県，1963年
富山県議会編『富山県議会史史料編』，富山県議会，1983年
原田順子・十代田朗『観光の新しい潮流と地域』，放送大学教育振興会，2012年
石倉重継編輯『名勝雑志』，名勝雑志社，1897年
Cynthia Elyce Rubin：The Swiss Postcard, Postcard Collector, 21p, Postcard Collector. org, 2005
富山新報社『富山県下理想的避暑地』，富山新報社，1928年
毎日新聞社『毎日新聞百年史』，毎日新聞社，1972年
庄川峡観光協同組合『庄川峡　観光60年のあゆみ』，庄川峡観光協同組合，1985年
白幡洋三郎「日本八景の誕生――昭和初期の日本人の風景観」，古川彰他編『環境イメージ論――人間環境の重層的風景』，弘文堂，1992年
白幡洋三郎『旅行ノススメ』，中公新書，1996年
毎日新聞社『「毎日」の三世紀　新聞が見つめた激流一三〇年』上巻，毎日新聞社，2002年
新田太郎「情報化する風景――『日本新八景』候補地の選考過程」，『美しき日本――大正昭和の旅展』江戸東京博物館，2005年
新田太郎『「日本八景」の選定――一九二〇年代の日本におけるメディア・イベントと観光』，『文化観光「観光」のリマスタリング』，慶應義塾大学アート・センター，2010年

近藤浩二「メディア・イベントに見る昭和初期富山県の景勝地—『日本新八景』を素材に—」，『富山史壇』164号，2011年
旅の文化研究所編『旅と観光の年表』，河出書房新社，2011年
滑川市立博物館『旅行時代の到来‼—パノラマ地図と近代大衆旅行—』，滑川市立博物館，2012年
高岡裕之「観光・厚生・旅行—ファシズム期のツーリズム—」，赤澤史朗・北川賢三編『文化とファシズム』，日本経済評論社，1993年

Ⅱ章

吉見俊哉『博覧会の政治学—まなざしの近代—』，中公新書，1992年
富山市主催日満産業大博覧会編『富山市主催日満産業大博覧会誌』，富山市役所，1937年
日満産業大博覧会協賛会編『富山市主催日満産業大博覧会協賛会誌』，日満産業大博覧会協賛会，1938年
金沢市編『金沢市主催産業と観光の大博覧会誌』，金沢市役所，1934年
ジェレミー＝フィリップス『「帝国主義的地方発展論」の言説と表現化—一九三二年の「金沢市主催産業と観光の大博覧会」にみられる対外意識と地方開発—』，『比較都市史研究』第二六巻第一号，2007年
産業と観光の大博覧会協賛会編『金沢市主催産業と観光の大博覧会協賛会会誌』，産業と観光の大博覧会協賛会，1933年
太陽編集部『別冊太陽　大正・昭和の鳥瞰図絵師　吉田初三郎のパノラマ地図』，平凡社，2002年
堀田典裕『吉田初三郎の鳥瞰図を読む』，河出書房新社，2009年
藤本一美「富山県の鳥瞰図一覧」，『山書月報』587，2011年
滑川市立博物館編『旅行時代の到来‼—パノラマ地図と近代大衆旅行—』，滑川市立博物館，2012年
氷見市立博物館編『向島文庫目録　第１集　向島文庫（絵葉書）目録』，氷見市立博物館，2010年
商工通信社旅行案内部北陸支社編『富山県案内』，商工通信社旅行案内部北陸支社，1924年
商工通信社旅行案内部北陸支社編『富山県案内』，商工通信社旅行案内部北陸支社，1926年
富山県及県人社編『富山県案内』，富山県及県人社，1928年
富山県及県人社編『富山県案内』，富山県及県人社，1936年
佐伯立光『立山芦峅寺史考』，立山寺，1957年
野口安嗣「江戸時代の立山参詣の費用」，『富山県［立山博物館］研究紀要』第19号，2012年
加藤基樹『明治維新期における立山登拝と「立山信仰」—登拝者の実態にみる民衆信仰史の一齣—』，『富山県［立山博物館］研究紀要』第19号，2012年
廣瀬誠『立山のいぶき—万葉集から近代登山事始めまで—』，シー・エー・ピー，199

2年
高瀬重雄『立山信仰の歴史と文化』，名著出版，1981年
ウォルター＝ウェストン・水野勉訳『日本アルプス再訪』，平凡社ライブラリー，1996年
布川欣一「近代登山の幕開け」，布川欣一編『目で見る日本登山史』，山と渓谷社，2005年
高岡産業博覧会事務局編『高岡産業博覧会誌』，高岡産業博覧会事務局，1952年
富山産業大博覧会誌編纂委員会編『富山産業大博覧会誌』，富山市，1957年
高岡市市制100年記念誌編集委員会編『たかおか――歴史との出会い』，高岡市，1991年
北日本新聞社編『富山県100年記念　にっぽん新世紀博覧会公式記録』，北日本新聞社，1984年
北日本新聞社編『第１回ジャパンエキスポ富山 '92公式記録』，富山ジャパンエキスポ協会，1993年
北日本新聞社編『彩りとやま緑化祭 '96公式記録』，第13回全国都市緑化フェア実行委員会，1997年
富山近代史研究会「第１回ジャパンエキスポ富山 '92参加記念号　みんなで語ろう！富山の昭和史特集」，『近代史研究』第16号，1993年
高沢滋人・久保勲『とやま映画100年』，北日本新聞社，1999年

Ⅲ章
佐伯宗義『水力と電力』，共存民主主義研究所，1958年
佐伯宗義『立山連峯貫通と地方自治の独立』，佐伯研究所，1971年
吉田實『野に山に海に』，富山日日新聞社，1959年
二十五年史編集委員会編『関西電力二十五年史』，関西電力株式会社，1978年
関西電力五十年史編集委員会編『関西電力五十年史』，関西電力株式会社，2002年
北陸電力50年史編集委員会編『北陸電力50年史』，北陸電力株式会社，2001年
立山黒部貫光30年史編集委員会編『立山黒部貫光30年史』，立山黒部貫光株式会社，1995年
富山県自然保護協会編『自然保護二十年史』，富山県自然保護協会，1982年
宇奈月町史編纂委員会編『宇奈月町史』，宇奈月町，1969年
山田胖『宇奈月温泉由来』，富山県立図書館，1956年
村上兵衛『黒部川――その自然と人と』，関西電力，1989年
吉村昭『高熱隧道』，新潮文庫，1975年
木本正次『黒部の太陽』，毎日新聞社，1964年
平村史編纂委員会編『越中五箇山平村史　上巻』，平村，1985年
南砺市平行政センター編『越中五箇山平村史　続編』，南砺市，2007年
上平村役場編『上平村誌』，上平村役場，1982年
高田善太郎『五箇山の合掌造り』，2008年
世界遺産相倉合掌造り集落保存財団編『世界遺産の里　相倉』，世界遺産相倉合掌造り集落保存財団，2009年

飛越合掌文化研究会編『世界遺産の合掌造り集落　白川郷・五箇山のくらしと民俗』，北日本新聞社，1996年
ブルーノ＝タウト『日本美の再発見』，岩波新書，1979年
高桑敬親『古代民謡　筑子の起原考』，越中五箇山筑子唄保存会，1970年
南竹蔵・瓜生俊教『富山県自動車交通史』，桂書房，1989年
建設省富山工事事務所編『富山工事事務所六十年史』，北陸地方経済局富山工事事務所，1996年
北陸建設弘済会編『富山の国道』，㈳北陸建設弘済会，1996年
翁久允『高志人』昭和13年９月号，高志人社，1938年
富山県主催連合共進会富山県協賛会編『富山県案内』，連合共進会富山県協賛会，1913年
稲田浩二編『富山県明治期口承文芸資料集成』，同朋舎，1980年
北日本社編『北陸の産業と温泉』，北日本社，1932年
続八尾町史編纂委員会編『続八尾町史』，八尾町，1973年
富山商工会議所編『とやま』，富山商工会議所，1930年
日本旅行協会編『旅』，日本旅行協会，1930年
『富山縣人雑誌』第３巻４号，富山縣人雑誌社，1929年
富山地方鉄道編『三十年の歩み』，富山地方鉄道，1960年
「加越鉄道沿線案内」，加越鉄道，1911年
日本名所図会社編『庄川峡と加越鉄道』，加越鉄道，1931年
富山地方鉄道編『富山地方鉄道五十年史』，富山地方鉄道，1980年
があどくらぶ編『加越線　終末の記』，富山県呉西地区公共交通再生研究会，2012年
草卓人『富山廃線紀行』，桂書房，2004年
富山学研究グループ『富山県総合計画の系譜』，富山県，1990年
吉田實顕彰会編『吉田實とその時代』，吉田實顕彰会，1986年
富山新港史編さん委員会編『富山新港史』，新湊市，1983年

Ⅳ章
富山県編『富山県薬業史　通史』，1987年
富山県民会館編『富山の売薬文化と薬種商』，富山県民会館，1986年
村上清造『富山売薬とその周辺』，富山県民会館，1983年
富山高等学校『富山高等学校十年史』，富山高等学校(旧制)，1933年
旧制富山高等学校創立50周年記念祭実行委員会編『母校一代記略年表(旧制富山高等学校創立五十年記念誌)』，旧制富山高等学校創立50周年記念祭実行委員会，1973年
道正弘「馬場家海運の歴史」，桝田敬次郎編『バイ船研究』第一集，岩瀬バイ船文化研究会，1987年
高成玲子「試説　馬場はる⑴」，『北陸英学史研究』第６輯，日本英学史学会北陸支部，1993年
高成玲子「試説　馬場はる⑵」，『富山女子短期大学紀要』30，富山女子短期大学，1995年

田部隆次編『南日恒太郎遺稿と追憶』，田部隆次，1934年
富山県芸術文化協会「特集『ヘルン文庫』と L＝ハーン来日百年」，『とやま文学』9号，1991年
へるん倶楽部編『富山八雲会紀要』1号～11号，富山八雲会，2003～2013年
南一誠「特集　吉田鉄郎」，『INAX　REPORT』No.178，INAX，2009年
NTT ファシリティーズ研究開発本部『吉田鉄郎資料』，2011年
建設省富山工事事務所編『富山工事事務所六十年史』，北陸地方建設局富山工事事務所，1996年
關谷新造「拾壱號國道改良工事並に富山大橋改築工事概要」，『都市公論』第一九巻第五号，都市研究會，1936年
赤司貫一「運河，街路及土地區劃整理事業の實施に就て」，『都市公論』第一九巻第五号，都市研究會，1936年
白井芳樹『とやま土木物語』，富山新聞社，2002年
白井芳樹「昭和初期の富山都市圏における土木事業と三人の土木技師」，2005年
白井芳樹『都市 富山の礎を築く――河川・橋梁・都市計画にかけた土木技術者の足跡』，技報堂出版，2009年
北陸地方電気事業百年史編纂委員会編『北陸地方電気事業百年史』，北陸電力，1998年
富山県教育委員会文化課編『富山県の近代化遺産』，富山県教育委員会，1996年
建設省富山工事事務所編『常願寺川沿革誌』，北陸地方建設局富山工事事務所，1962年
黒部市編『黒部川水系発電施設群の概要』，黒部市，2010年
富山地方鉄道編『富山地方鉄道五十年史』，富山地方鉄道，1980年
吉田實顕彰会編『吉田實とその時代』，吉田實顕彰会，1986年
竹中邦香著・広瀬誠校訂『越中遊覧志』，言叢社，1983年
西師意『伏木築港論』，北陸政論社，1892年
細野日出男『満蒙開発と日本海商港政策』，1933年
「日本国を楽郷として外客を導き来たる可し」，『時事新報』，1892年5月14日
「アルプス公園　本県は恰も裏口」，『富山日報』，1934年7月20日
W. Schutz：『Japan』，VDI-VERLAG・GMBH，1930.
大橋昭一「観光の本義をめぐる最近の諸論調―『観光とは何か』についての考察―」，『経済理論』第353号，和歌山大学，2010年
奥野信宏・粟田卓也『新しい公共を担う人びと』，岩波書店，2010年
M. Thea Sinclair & Mike Stabler：The Economics of Tourism. London & New York, 1997.

●『歴史と観光』関係年表

年		富山県内の動き	日本・世界の動き
1872	明治5		新橋一横浜間に日本初の鉄道開設。神社仏閣への女人禁制撤廃
1873	6	女性初の立山登頂(深見チエ)	廃城令
1875	8	外国人初の立山登山(英のガウランドとデュロン)。高岡古城公園の指定	
1878	11	旧富山藩士小杉復堂，立山登頂	
1881	14		横浜でサトウ(英)ら『中部・北部日本旅行案内』発行。国会開設の勅諭
1883	16	富山県設置(初代県令国重正文)	
1884	17	富山県学務課編『越中地理小誌』発行	
1885	18	富山県初の共進会・富山県米繭糸共進会開催。竹中邦香『越中遊覧志』。富山県中学校開校	
1889	22	市制・町村制により2市31町238村成立	東海道線全通。大日本帝国憲法公布
1890	23		国会開設
1891	24	ヨハネス＝デ＝レイケの計画により常願寺川改修工事に着工	
1893	26	ウェストンが大町から立山登頂	日本初の旅行斡旋業者・喜賓会設立
1894	27	売薬業者が共立富山薬学校を設立。富山市で勧業博覧会開催	志賀重昂『日本風景論』。日清戦争始まる
1897	30	県内初の鉄道中越鉄道，黒田一福野間開業(翌年城端まで開通)	
1899	32	北陸線，高岡一富山間開通。これにより敦賀一富山間開通	
1900	33	関西2府15県連合共進会。富山県内務部編『越中名勝案内』，浅地倫『富山案内記』。中越鉄道，伏木まで延伸	
1901	34	神通川馳越工事始まる	
1904	37		日露戦争始まる
1907	40	陸軍参謀本部陸地測量部の柴崎芳太郎ら三角点設営のため劔岳登頂	
1908	41	大井冷光『立山案内』	
1909	42	皇太子行啓。『富山県紀要』刊行。石崎光瑤・河合良成ら民間人による劔岳初登頂	
1910	43	『越中名勝案内』。井上江花『越中の秘密境黒部山探検』	韓国併合条約

年		富山県内の動き	日本・世界の動き
1912	大正元		ジャパン・ツーリスト・ビューロー設立
1913	2	北陸線，富山一直江津間開通。１府８県連合共進会開催。富山市内電気軌道開業。魚津水族館開館。富山市編『富山市案内』，連合共進会富山県協賛会『富山県案内』，中部鉄道管理局編『北陸線案内』	
1914	3	ウェストン，２回目の立山登頂	第一次世界大戦始まる
1915	4	富山県，富山県産業奨励方針制定(浜田恒之助知事)	
1918	7	県東部漁村から米騒動起こる	米騒動
1921	10	県内工業生産額がはじめて農業生産額を上回る。『富山県史蹟名勝天然記念物調査報告』創刊(県史蹟名勝天然記念物調査会編)	
1922	11	吉沢庄作『立山遊覧』『黒部遊覧』。加越鉄道全線開通。黒部温泉会社設立	
1923	12	馬場はるが(旧制)富山高等学校開設のため100万円を県に寄付。黒部鉄道が宇奈月まで開通	関東大震災
1924	13	『富山県案内』。馬場はる，ヘルン文庫を(旧制)富山高等学校設立へ寄贈	
1927	昭和２	飛越線，富山一八尾間開通。富山新報社「県下理想的避暑地」選定	大阪毎日新聞社・東京日日新聞社「日本新八景」選定。金融恐慌
1928	3	冠松次郎『黒部谿谷』。富山都市計画事業決定	
1929	4	八ヶ山遊園(スキー場，運動公園)の開発。川崎順二，「越中八尾民謡おわら保存会」創立。冠松次郎『劔岳』『立山群峯』	世界恐慌
1930	5	小牧ダム完成。富山電気鉄道開業。富山県庁舎焼失	このころから各地で観光対策を担う部署や観光協会がつくられる。鉄道省に国際観光局設置。昭和恐慌
1931	6	加越鉄道「新名所　庄川峡と加越鉄道」(鳥瞰図)発行。冠松次郎『アルプス大観』	国立公園法施行。満州事変起こる
1932	7	産業観光富山宣伝会発足。吉田初三郎作の県関係鳥瞰図がはじめて発行	五・一五事件
1934	9	飛越線(高山線)全線開通。富山県の発電量，全国一。富山県『観光の富山県』発行。立山・黒部を含む中部山岳地帯が国立公園に指定される	

年		富山県内の動き	日本・世界の動き
1935	昭和10	富岩運河完成。新県庁舎，神通川廃川地に竣工	
1936	11	日満産業大博覧会が富山市で開催。吉田初三郎作の「富山県観光交通鳥瞰図」発行。宮市大丸富山支店にジャパン・ツーリスト・ビューロー案内所が設置。翁久允『高志人』創刊	二・二六事件
1937	12		日中戦争始まる
1941	16		太平洋戦争始まる
1943	18	富山地方鉄道設立	
1945	20	富山空襲	終戦
1946	21		日本国憲法公布
1950	25		毎日新聞社「日本観光地百選」選定
1951	26	高岡産業博覧会開催(高岡市古城公園)	サンフランシスコ平和条約調印
1952	27	富山県総合開発計画策定。立山開発鉄道㈱設立。第1回となみチューリップフェア	
1954	29	富山・魚津両市で富山産業大博覧会開催。富山市立郷土博物館開館。立山ケーブルカー開通(仙寿ヶ原—美女平間)。立山町，企画観光課設置	
1955	30	富山市で第1回全国チンドン・コンクール開催。魚津埋没林，国特別天然記念物指定	
1956	31	弥陀ヶ原ホテル営業開始	国際連合加盟
1957	32	原子力平和利用大博覧会(高岡市古城公園)。	
1958	33	弥陀ヶ原までバス開通。第13回国民体育大会	
1959	34	吉田實知事，『野に山に海に』出版。富山県，経済部に通商観光課設置。有峰ダム完成	
1960	35	高岡御車山，国重要有形民俗文化財に指定	日本観光学会設立
1961	36	富山地方鉄道射水線廃止	
1963	38	黒部第四発電所・黒部ダム完成。富山空港開港。富山・高岡新産業都市指定	観光基本法制定
1964	39	立山黒部貫光㈱設立	東海道新幹線開通。東京オリンピック
1968	43	富山新港開港。映画「黒部の太陽」公開	
1969	44	立山トンネル貫通	
1970	45		大阪万国博覧会。国鉄がディスカバー・ジャパンのキャンペーン始める

年		富山県内の動き	日本・世界の動き
1971	昭和46	立山黒部アルペンルート全線開通。黒部峡谷鉄道㈱設立	
1972	47	立山風土記の丘開設。加越線廃止。イタイイタイ病，原告勝訴	日中国交回復。沖縄県発足
1973	48		第一次石油危機
1975	50	富山地方鉄道笹津線廃止	伝統的建造物群保存地区制度制定
1982	57	第1回世界演劇祭，利賀村で開催	
1983	58	置県百年記念式典。県民公園太閤山ランドオープン。にっぽん新世紀博覧会開催	
1985	60	全国名水百選に本県から4カ所選定	
1988	63	北陸自動車道，全線開通	
1991	平成3	富山県[立山博物館]開館	湾岸戦争。ソ連邦解体。平成不況開始
1992	4	第1回ジャパンエキスポ富山'92開催(太閤山ランド)。世界そば博覧会 IN 利賀。海王丸パーク完成	
1993	5	初の国際定期航空路線富山―ソウル便就航	
1995	7	五箇山の合掌造り集落，ユネスコ世界遺産に登録	阪神・淡路大震災
1996	8	第13回全国都市緑化とやまフェア	
1997	9	瑞龍寺が国宝に指定	
1998	10	中島閘門，国重要文化財に指定。柳田布尾山古墳発見。立山カルデラ砂防博物館開館	
2000	12	第55回国民体育大会	
2006	18	市町村合併で15市町村となる。富山ライトレールが営業開始	観光立国推進基本法制定
2008	20	東海北陸自動車道全線開通。富山県，元気とやま観光振興条例制定	観光庁設置
2009	21	白岩砂防ダム，国重要文化財に指定。映画「劔岳　点の記」公開	
2011	23	伏木富山港，日本海側総合拠点港に選定。富岩運河環水公園全面開園。映画「ほしのふるまち」公開	東日本大震災
2012	24	立山弥陀ヶ原・大日平がラムサール条約に登録。新湊大橋開通。高志の国文学館開館	
2013	25	アニメ映画「おおかみこどもの雨と雪」公開	
2015	27	北陸新幹線開業予定	